KB058528

승

화

승 더 높은 차원의 삶을 위하여

화

배철현 지음

21세기북스

차례

2부 ——— 엄격, 품위 있는 나를 만드는 법

산다는 것은 매일 천천히 태어나는 것이다.

생텍쥐페리

하루 10분, 나를 변화시키는 짧고 깊은 생각

나는 요즘 나 스스로에게 이런 질문을 던진다.

"나는 내가 원하는 만큼 변화했는가?"

이 질문은 나 자신을 꽤나 당혹스럽게 만든다. 거울에 비친 내 모습이 초라하게 느껴지기 때문이다. 여전히 조그만 유혹에도 흔들리고 나태해져 하루라는 소중한 시간을 허비할 때가 많다.

과연 인간은 나비처럼 이전의 습관을 버리고 완전히 다른 모습으로 변모할 수 있을까?

이 책은 지금까지 출간된 『심연』 『수련』 『정적』 시리즈의 마지막을 장식하는 책이다. 이 네 권의 책은 '위대한 개인' 이 되기 위한 4단계 과정이기도 하다.

나는 인간이 심연–수련–정적을 거쳐 승화의 단계에 이르면, 새가 알에서 지낸 시절을 기억하지 못하듯, 나비가 애벌레의 습관을 유기하듯 이전의 상태에서 탈출해 전혀 새로운 존재가 되어 영원히 머물 수 있을 거라고 착각했다.
종교에서는 이 단계를 '깨달음' 혹은 '깨우침'이라고 말한다. 깨달음이란 과거의 색안경으로 구축해놓은 세계관을 과감히 부수는 용기다. 이전까지 쓰던 색안경을 벗어버리고 새로운 색안경을 쓰는 일이다.

그러나 그 새로운 색안경도 시간이 지나면 유기의 대상이 된다는 것을 알았다. 우리의 일상은 변함없이 그대로이기 때문이다. 우리는 '더 나은 자신'을 추구하며 정상을 향해 큰 바위를 밀어 올린다. 바위를 밀어 산을 오르고 올라 드디어 자신이 원하던 정상에 도달했다고 마음 놓는 순간, 카뮈의 『시시포스 신화』처럼 한순간에 다시 산 아래로 추락하는 바위를 목격하게 된다. 결국 시시포스는 다시 하산해 초인적으로 바위를 밀어 올릴 수밖에 없다.

'승화'는 아무런 유혹도 시련도 없는 완성된 상태가 아니다. 이전에는 보이지 않던 더 높은 차원의 정상이 있다는 것을 발견한 후 얻게 되는 겸허한 마음이다. 마치 동네 야산의 정상에 오른 사람이 그 산보다 높은 산의 존재가 있다는 것을 알고 다시 도전을 준비하는 것과 같다. 그리고 그 산을 정복한 뒤에도 그보다 더 높은 산이 있다는 사실을 깨닫고 겸손한 마음을 지니게 되는 것과 같다.

소크라테스는 자신이 알면 알수록 아무것도 아는 게 없다는 것을 깨달았다고 고백한다. 아인슈타인은 연구를 하면 할수록 알 수 없는 신비로 가득 차 있는 우주 앞에서 우리가 할 수 있는 건 그저 경외뿐이라고 말한다.

승화는 과학에서 말하는 화학 변화처럼 고체 상태에서 액체 상태를 거치지 않고 기체로 변하는 한순간의 도약이 아니다. 승화는 어제와 달라질 오늘의 자기 자신에 대한 신뢰이자, 지속적으로 자신을 혁신하려는 용기 있는 도전이다.

일상에서 부딪히는 벽은 방해물이 아니라 내가 극복해야 할 유일한 길이다. 하지만 그 결과는 미미할 수 있다는 사실을 기억해야 한다. 그럼에도 오늘 하루를 인생의 마지막 날처럼 정성스럽게 살려는 마음가짐과 그런 마음가짐에서 나오는 언행이 바로 승화다.

인간은 스스로에게 '별'이다. 자신을 혁신하려 하지 않고 특정 사상이나 교리에 순응하는 사람은 다른 사람이 발견한 별을 자신의 별로 착각하며 사는 것과 같다. 위대한 사상은 '이것이 진리다'라고 말하지 않는다. 스스로에게 유일하고 감동적인 나만의 길을 찾으라고 촉구하는 훈련 교본일 뿐이다.

그 길은 자기극복에 있다. 내가 발견해야 할 별은 도달할 수 없는 저 먼 하늘에 있지 않다. 그 별은 스스로 두 발을 묶어 좌정하고 눈을 감으면 비로소 보이는 원석이기 때문이다. 그 원석은 지금 당신의 마음속 깊은 곳에 숨어 발견되기만을 기다리고 있다.

2020년 8월

배철현

1부

응시
凝視

내가 보는
나는
누구인가

저는 신과 인류를 화나게 했습니다.
제 작품이 제가 원하는 최고의 수준에
도달하지 못했기 때문입니다.

레오나르도 다빈치

유언

遺言

오늘이 인생의 마지막이라면

내일이 인생의 마지막 날이라면 당신은 어떤 유언을 남기고 싶은가. 로마 황제 마르쿠스 아우렐리우스의『명상록』제 12권은 그의 유언장이다. 그는 자신의 삶을 마감하면서 제 1~11권의 내용 중 중요한 삶의 철학을 제12권에 다시 한 번 실었다. 제12권은 나머지 책들과 달리 주위 환경에 대한 관찰이 아니라 마음의 평안을 유지하기 위한 삶의 회고다.

학자들은 아우구스투스가 황제가 된 기원전 27년부터 아 우렐리우스의 사망 연대인 180년까지를 '팍스 로마나(Pax Romana)'라고 부른다. 로마 황제들은 이 200년 동안 유럽 전체를 안정적으로 통치했다. 무수한 내전과 침략전쟁이 있 었지만 로마는 황제를 중심으로 일관되고 지속적인 제국의 위상을 유지했다.

아우렐리우스는 적의 침공을 막기 위해 인생의 마지막을 동 유럽의 전쟁터에서 보냈다. 그는 인류의 최선이었던 로마 제국의 마지막 불꽃이었다.

아우렐리우스에게 있어서 정신의 개념은 남다르다. 그는 자신의 주인이 몸이나 숨이 아니라 정신이라고 말했다. 특히 그는 '헤게모니콘(hegemonikon)'이라는 그리스 용어로 정신을 정의한다. 정신이란 '나를 인도하고 점검하는 지도자'다. 그는 자신을 바라보는 제3의 존재인 정신을 삶의 주인으로 삼아 일생을 수련했다. 그는 인생의 구원에 대해 이렇게 설명한다.

인생의 구원은 개별 사물의 전체적인 실체와 그 소재와 그 원인을 꿰뚫어 본 뒤, 온 마음을 바쳐 옳은 것을 행하고 진실을 말하는 데 달려 있다. 선행에 선행을 이어, 그 사이에 조그만 틈도 주지 않는 것이 인생의 즐거움이다.

−『명상록』12.24

"조그만 틈"도 허락하지 않는 삶, 헤게모니콘으로 자신의 삶을 검증하는 수고가 자연스런 그의 습관이자 개성이 됐다.

선행에 선행을 이어, ——————

그 사이에 조그만 틈도 주지 않는 것이

—————————— 인생의 즐거움이다.

당시 로마인들은 '모든 길은 로마로 통한다'라고 우쭐대면서 자신들의 마을, 가족 그리고 로마와의 관계 속에서 스스로를 정의했다. 사실 이런 관계들은 자신의 선택이 아니다. 자신의 의지와는 상관없이 우연히, 그리고 운명적으로 결정되는 것들이다. 자신을 객관적으로 볼 수 없는 사람들은 이 우연한 거미줄에 매달려 그것이 우주인 줄 알고 살 것이다.

죽음을 앞둔 아우렐리우스는 자신을 3인칭으로 부르면서 스스로에게 다음과 같은 유언을 남긴다.

오, 인간이여! 너는 이 위대한 도시에서 시민으로 살았다.
그 삶이 오 년이든 오십 년이든 무슨 상관이 있는가?
네가 그 도시로부터 퇴장하는 데 무슨 두려움이 있는가?
너를 도시에서 퇴장시킨 건 독재자나 부패한 판사가 아니다.
그것은 너를 이 세상으로 들여놓은 똑같은 '자연'이다.
그것은 감독이 희극 배우를 고용했다가
더 이상 무대 위에 올라가지 못하도록 해고하는 것과 같다.

"저는 5막이 아니라 이제 겨우 3막을 연기했습니다."

네 말이 옳다.

그러나 인생에 있어서 3막이 전체 연극이다.

왜냐하면 언제 끝날지를 결정하는 것은

처음에는 너의 구성에,

지금은 너의 해체에 책임이 있는 자의 몫이다.

그러나 너는 그 어느 쪽에도 권한도 책임도 없다.

이제 평안히 떠나라.

너를 해고하는 자도 평안을 품고 있다.

−『명상록』 12.36

아우렐리우스는 58세의 나이로 로마 제국의 최전선에서 인생을 마친다. 그는 일주일 정도 앓다가 세상을 떠났다.

인생은 5막인 줄 알았건만 3막으로 종료되는 허무한 연극일 수도 있다. 아우렐리우스는 우리가 세상에 올 때도 내 의도가 아니라 연출자의 의도대로 온 것처럼, 우리가 세상을

떠날 때도 그 연출자의 의도대로 무대에서 내려와야 한다고
말한다.

오늘을 인생의 마지막 날처럼 산다면, 무슨 말을 하고 무슨
행동을 해야 할까? 나는 오늘 옳은 것을 말하고 진실을 말
하는가? 나는 옳은 것을 가려내고 진실한 말을 생각해낼 수
있는가?

비어 있는 캔버스는 꽉 차 있다.

로버트 라우센버그

공허
空虛

———

자신을 관찰하는 터전

호모 사피엔스의 가장 위대한 발명품은 사후세계다. 그들은 죽음을 인식하고 준비했다. 죽기 오래전부터 자신들이 경험할 수 없는 사후세계를 '상상'하고 가장 정성스런 '의례'를 행했다.

그들은 오감으로 경험한 적이 없는 사후세계가 존재한다고 믿었다. 없는 것을 있다고 믿었으니, 비이성적이고 비과학적이다. 그러나 인류는 과학적으로 증명할 수도 없고, 갈 수도 없는 그 세계를 상정해 문화와 문명을 탄생시켰다.

이집트의 피라미드, 메소포타미아의 지구라트, 영국의 스톤헨지, 이스트 아일랜드의 거대 석상 등 동서고금의 죽음을 기념하는 건물들을 제거하면, 인류의 문화 유적지는 거의 남아 있지 않을 것이다.

인간은 종교가 등장하기 전부터 영적인 존재였다. 네안데르탈인과 별반 차이가 없던 호모 사피엔스는 스스로를 영적인 동물인 '호모 사피엔스 사피엔스'로 변모시켰다.

현대인들에게 '종교'라는 단어는 무식, 중세, 위계, 근본주의, 반지성주의, 분쟁과 같은 부정적인 의미가 크다. 니체가 "신은 죽었다"라고 선언했을 때, 그가 말한 종교는 인간을 온전히 인간답게 만드는 경외, 신비, 겸손, 배려와 같은 긍정적인 가치가 사라진 허울이었다.

그가 공격한 대상은 교리, 재판, 이단, 권력과 같이 종교의 탈을 쓰고 인간을 양떼와 같은 종속적인 집단으로 전락시키려는 체제다.

니체는 인간의 오감으로 확인할 수 없는 이데아를 들먹이며 대중을 호도하려는 서양 철학의 기만과, 자신들이 만든 교리 안에서 대중을 질식시키려는 유럽의 그리스도교에 대항해 새로운 길을 모색하라고 외쳤다.

19세기에 들어서면서 그리스도교 세계관은 쇠퇴하기 시작했고 더 이상 회복할 기미를 보이지 않았다. 프랑스 혁명은 이미 그리스도교를 공격해 '프랑스의 비그리스도교화'를 시작했고, 과학은 그리스도교가 2000년 동안 차지하고 있던 왕좌를 탈취했다.

19세기 말에 등장한 심리학, 생물학 그리고 고고학의 발전으로 근대 이전의 서양을 지탱해온 그리스도교가 허물어지기 시작하자, 과학과 기술의 괄목할 만한 성장이 가져다준 물질적 풍요가 그 자리를 차지했다.

과학은 과정일 수밖에 없고 잠정적으로 참이다. 오늘날 우리가 아는 지식은 내일 밝혀질 지식에 의해 대치되거나 거짓으로 판명될 것이다. 과학은 그 사실을 인정하는 겸손을 가질 때 비로소 참된 과학이다.

오늘날 우주와 자연에 대한 그 거대한 미지의 간극을 메우거나 설명하기 위해서는 '과거의 신'이 필요 없을지도 모른다. 그러나 시간의 흐름을 인식하고 자신이 언젠가 정해진 시간, 예상 밖으로 쏜살같이 달려오는 마지막 순간을 상상해본 사람이라면 자신의 삶을 의미 있고 가치 있게 만드는 그 무엇을 갈구한다.

과학은 인간의 존재론적 질문에 해답을 제공하기에 충분한 가? 우연히 137억 년 전에 빅뱅이 일어나고, 우연히 50억 년 전에 지구가 생성되고, 우연히 그 지구에 생물이 등장하고, 우연히 30만 년 전에 인간이라는 종이 등장해 오늘날의 내가 존재하는 것인가? 우주 안의 모든 것들이 시간이라는 괴물의 제물이 된 것처럼, 나라는 인간도 이내 저 흙으로 돌아갈 것인가?

전통 종교의 퇴락과 혼돈은 예술 분야에서 확연하게 드러난다. 심리학자 칼 융은 예술을 "한 시대의 심리적 비밀을 밝히는 뜻하지 않은 대변자"라고 정의한다. 예술가들은 언제나 자신들이 살고 있는 시대를 가장 섬세하고 강렬하게 표현한다. 그들은 자신들이 살고 있는 시대와 문화 저변에 깔려 있는 근원적인 분위기를 예술로 승화시킨다.

19세기 이전의 위대한 예술가들은 세상과 인간의 이상적인 모습을 표현했다. 그들의 창작으로 인류는 위엄과 희망, 권위를 지니게 됐다. 인류는 예술을 통해 완벽한 인간을 희구했다. 그러나 19세기와 20세기의 예술가들은 인간을 더 이상 이상적인 모습으로 표현하지 않는다. 인간은 불안하고 혼돈에 빠져 있으며 우울하다. 이상적인 인간에 대한 예술은 사라졌다.

그들은 인간의 숭고한 아름다움을 표현하기보다 니체가 말하는 "한밤중의 공포"를 표현하기 시작했다. 이 현상은 그리스도교의 퇴각으로 더욱 심화되고 강화됐다. 화가, 조각가, 작곡가, 시인들은 자신들을 위협하고 공격하는 불안과 추방, 무의미 그리고 혼돈으로부터 스스로를 보호하기 위해 안간힘을 쓰며 그 분투를 표현했다.

19세기 화가들의 작품은 현대인의 정신적 공허함을 다양하게 표현한다. 독일의 화가 카스파르 다비트 프리드리히는 현대 예술 사조에서 가장 미묘하고도 미적으로 수용할 만한 그림을 그렸다. 에드바르 뭉크는 19세기 혼돈의 선두 주자다. 이들은 모두 19세기 유럽을 휩쓴 정서를 표현했다.

아침 산책 길에서 본 겨울 호수의 풍경 같은 황량함이 인간과 인간이 구축한 사회에 침투했다. 뭉크의 그림은 도저히 참을 수 없는 소외감으로 고통스럽다. 인간이란 다른 인간과는 융합할 수 없는 섬이다. 불안과 슬픔만이 이들을 하나로 묶는다. 외로운 인간은 두 발로 꼿꼿이 서지 못하고 촛농처럼 녹아내려 자신이라는 섬 안에 감금된다.

현대 예술이 우리의 정서라면, 현대 문명은 키르케고르가 말한 "죽음에 이르는 병"처럼 영적인 병에 걸려 외로움이라는 늪에 빠져 있다. 우리는 그 안에 갇혀 심연에 묻어둔 금기된 악을 분출하고 있는 것인가?

우리는 도덕과 윤리를 고취시킬 고전과 경전을 오래전에 잃었다. 정제되지 않은 욕심과 욕망의 과도한 표현을 예술이라고 부추긴다. 오늘날 우리를 이 늪에서 건져낼 가치는 무엇인가?

니체는 "가치의 재평가(revaluation of values)"를 통해 현대인들에게 알맞은 세계관을 재생시키고자 했다.

병든 몸이 다시 건강을 찾기 위해서는 몸을 구성하는 개별 세포들을 치료해야 한다. 문명과 사회가 썩었다면, 유일한 희망이자 치료는 개인일 수밖에 없다. 개별 치료가 공동체 전체 치료의 시작이기 때문이다. 변화는 지극히 사적이며 개인적이다. 개인만이 국가를 변혁시키는 유일한 통로이며 힘이다.

모든 것은 사소한 것으로부터 시작한다. 우리는 지금 새로운 신을 찾고 있다. 칼 융의 말처럼 오래된 신을 대치할 새로운 신을 찾기 위한 경계에 서 있다. 새로운 신이란 인간과 사회를 이해하는 근본적인 원칙과 상징이다.

새로운 신이란 저 높은 하늘에서 내가 잘못하고 있는지를 노려보는 존재가 아니라, 더 나은 자신을 상상하고 그것을 자신의 일상에서 실천하는 '자기-자신'이다.

기술과 과학을 신격화해 우리 스스로 인간됨을 상실하지 않기 위해 우리는 무엇을 해야 하는가? 모든 개인이 나아가 자신의 노래를 불러야 한다. 내가 부를 나만의 희망의 노래는 무엇인가?

쏜살같이 달려오는 ──────────────

마지막 순간을 상상해본 사람이라면

자신의 삶을 의미 있고

가치 있게 만드는

――――――――――――――――― 그 무엇을

갈구하기 마련이다.

상처는 빛이 당신에게 진입하는 통로다.

잘랄 앗딘 루미, 13세기 페르시아 수피 시인

고통
苦痛

생명의 존재 방식

'코로나19'가 전 세계로 퍼져 팬데믹(pandemic) 상황에 처했다. 왜 이 시점에 이런 고통이 우리에게 닥쳤을까? 인류 전체를 고통에 빠뜨린 이 감염병은 우리에게 무엇을 말하고 있는가?

인간이 의도적인 노력을 통해 한 단계에서 다음 단계로 진입하거나 도약하기 위해서는, 일상의 경험과는 다른 도전적이며 불가능한 경계를 통과해야 한다. 이 무시무시한 터부의 공간과 시간은 남다른 고통을 수반하는 역경일 수밖에 없다. 역경이란 내가 상상하고 준비한 환경이 아니라, 순진한 의도와 노력이 비참하게 무산되는 의외다.

2020년, 인류는 이 역경을 맞이해 형용할 수 없는 고통을 감내하고 있다. 고통이란 자신이 알고 있는 과거의 지식으로 현재의 현상을 이해하려고 시도할 때 생기는 육체적이며 정신적인 거부다.

육체나 정신이 아직 그 현상을 이해하거나 소화하지 못해,

육체는 병들고 정신은 무력감과 절망감에 빠진다. '코로나
19'가 이 시점에 인류를 공격하는 이유는 무엇인가?

신체는 대개 짝을 이루고 있지만 하나인 것들도 있다. 귀와
눈은 두 개이지만 입은 하나다. 그 이유는 자신의 생각을 입
을 통해 내뱉기 전에 두 번 보고, 두 번 들으라는 경고다. 심
오한 관찰과 경청만이 상대방의 말을 가치 있게 만들기 때
문이다. 머리는 하나이고 손과 발이 두 개인 이유도 다르지
않다. 혁신적인 생각은 두 손으로 직접 만져보고, 두 발로
직접 경험한 뒤에야 비로소 모습을 드러낸다.

지혜로운 자에게 역경은 기회다. 그는 그것이 상상을 초월
하는 고통을 동반한다는 사실을 예상한다. 그는 그 고통을
극복하려는 진정한 노력을 통해 자신도 놀랄 만한 인간으로
승화한다는 사실을 어렴풋이 안다.

어리석은 자는 그런 역경을 상상한 적이 없다. 그는 모든 것

들이 자신의 생각대로 '순조롭게' 흘러갈 거라고 착각한다. 우주와 자연은 인간의 상상대로 돌아가는 법이 없다. 인간의 생각은 언제나 부족하고 편협하기 때문이다.

가을에 열매가 풍성하게 맺혔다고 기뻐하면, 그 기쁨이 영원하지 않다는 사실을 알려주기 위해 춥고 배고픈 겨울이 찾아온다. 그 겨울이 온전히 지나가면 서서히 새싹이 돋아나 우리에게 희망을 선사한다. 그리고 우리로 하여금 뜨거운 여름에도 땀 흘리며 노력하게 만든다. 자연은 그 수고가 헛되지 않도록 가을의 풍성한 수확으로 보상한다. 사계절의 순환은 고통이라는 신비가 만들어내는 순리이자 섭리다.

고통은 생명의 존재 방식이다. 고통이라는 관문을 거치지 않은 생물은 존재할 수 없다. 고통은 외부로부터 생겨나는 것이 아니라, 우리 자신의 성장을 위해 꼭 필요한 동력이자 기반이다. 동물로 태어난 인간이 온전한 인간이 되기 위해 반드시 거쳐야 하는 통과 의례가 고통이다.

인간은 여러 가지 명칭으로 불려왔다. 고대 그리스 철학자 아리스토텔레스는 인간을 그리스어로 '조온 폴리티콘(zoon politikon)', 즉 '도시 안에서 다른 인간들과 함께 사는 동물'이라고 명명했다. 인류학자들은 인간을 '호모 사피엔스(Homo sapiens)', 즉 '이성적인 동물'이라고 스스로 자화자찬했다. 사실 인간은 자신이 아는 게 아무것도 없다는 사실을 안다.

나는 인간을 '호모 파수스(Homo passus)', 즉 '고통을 감수하는 인간'으로 정의하고 싶다. 인류는 고통을 통해 자연 안에서 자신의 위치를 확인하고 진화해왔기 때문이다.

다른 동물들은 당장의 고통에 반응한다. 동물은 배가 고프거나 다쳤을 때, 신음한다. 인간은 타인의 고통을 자신의 고통으로 상상하는 '연민'과 미래에 다가올 고통을 상상하는 '안목'을 통해 생존해왔다. 연민과 안목은 인류의 정신적인 유전자이자, 인간을 온전하게 만들어주는 조각가의 정과 망치다. 인간은 자신이 언젠가 '없음'이 될 거라는 사실을 인식하고 사는 유일한 동물이다.

우리가 지금 겪고 있는 이 '심오한 고통'은 우리가 일상에서 겪는 '사소한 고통'과 다르다. 그것은 우리를 피곤하게 만들거나 화나게 만들지 않는다. 그것은 우리 각자에게 이렇게 묻는다. "당신은 무엇을 위해 살고 있습니까?" 정보통신 기술의 세계는 현실에서 경험할 수밖에 없는 고통을 무감각하게 만들었다.

심오한 고통은 우리가 사는 현실세계를 선명하게 응시하고 반응하도록 돕는다. 이 고통은 우리가 가상세계의 동물이 아니라 피와 살로 이루어진 연약한 동물이라는 사실을 알려준다. 고통은 그런 온전한 인간이 되기 위한 변모를 시도하는 인간이 진입해야 하는 필수불가결한 터널이다. 그것은 마치 이유를 알 수 없는 산불이 발생해 죽은 나무들을 태움으로써 새 생명이 태어나게 하는 것과 같다.

이 고통은 내가 과거에 집착하던 군더더기를 연소할 수 있는 절호의 기회다. 길어지는 고통은 자신의 삶을 근본적으로 혁신하라는 명령이다. 고통을 충분히 심오하게 수용하고 그 의미를 깨닫는 행위는 우리 자신을 관찰하고 개선시키겠다는 의지다.

니체는 『즐거운 지식』에서 고통의 필요성에 대해 이렇게 이야기한다.

저는 제 영혼의 가장 깊은 곳으로부터 불행과 병 그리고 내 안에 존재하는 불완전한 것들을 기쁜 마음으로 맞이합니다. 이와 같은 것들은 저의 고질적인 습관들로부터 저를 탈출시킬 백 가지 은밀한 탈출구를 선사하기 때문입니다.

나는 하나의 피조물이다. 그것은 수많은 충동과 이기심이 무질서하게 뭉쳐 있는 덩어리다. 나 스스로 그 덩어리를 방치하면 삶은 결국 불행해질 수밖에 없다. 나는 피조물일 뿐만 아니라 내 삶을 개조할 수 있는 유일한 창조주다. 나는 나의 의지로 '새로운 자신'이라는 틀로 나를 주조하고 조각하는 장인이다.

로마 정치가이자 스토아 철학자였던 세네카는 네로 황제로부터 자살을 명령받은 65년에 『섭리에 관하여』라는 책을 썼다. 그는 이 책에서 다음과 같은 질문을 던진다.

행운이라는 것은 대중에게도, 비열한 사람에게도, 훌륭한 사람에게도 옵니다. 그러나 위대한 사람들만의 특권은 따로 있습니다. 인생의 역경과 공포를 고삐로 채우는 것입니다. 정신적인 죽음을 경험하지 않고 항상 행복하고 번창한 가운데 인생을 보내는 것은, 인생에 담긴 본질의 다른 반을 모르는 것입니다.

당신은 위대한 사람입니다. 그러나 만일 운명이 당신에게 당신의 덕, 당신의 실력을 발휘할 기회를 주지 않는다면, 어떻게 제가 당신이 위대한지 알겠습니까?

—『섭리에 관하여』 IV.1.1-2a

고통은 나도 알지 못했던 실력을 발휘할 기회다. 우리 자신을 개조하기 위해 우리는 반드시 고통과 아픔이라는 잔인하지만 필수불가결한 과정을 거쳐야 한다. 우리가 지른 불길 속에서 스스로를 태워 재가 되지 않는다면 어떻게 새롭게 태어날 수 있겠는가? 우리가 겪는 지금의 이 고통은 새로운 인간으로 다시 태어나기 위한 훈련이다.

고통은 우리 안에 존재하는 진짜 '자신'을 일깨워 피조물로 살아온 우리 자신을 불쌍히 여기는 마음이다. 이 고통이 우리에게 무슨 의미인지 숙고할 절호의 기회다.

저는 어느 누구도 그의 더러운 발로
제 마음을 밟도록 허용하지 않겠습니다.

마하트마 간디

양심
良心

마음의 모양

무엇이 인간을 인간답게 만드는가? 인간은 본능적으로 반응하는 동물과 달리 신적인 품성을 지향하는 그 무언가를 가지고 있다. 그것은 우리의 마음속 깊은 어딘가에서 발견되기를 기다리는 보석이다. 색이 바라거나 모양이 변하지 않는 '양심'이다.

양심은 그것을 소유한 자가 소중하게 여겨 갈고 닦을 때 비로소 빛을 내는 원석이다. 그 원석에서 뿜어 나오는 찬란한 빛은 어둠을 걷어내고, 우리가 헤쳐 나갈 인생이라는 미지의 바닷길을 밝혀주는 등불이다.

한 인간이 자신의 심연에 존재하는 양심을 모르거나 무시한다면, 그는 불행한 자다. 그는 타인이 정해놓은 규율이 유일한 법이라 믿고 그것에 쉽게 복종하며 평생을 노예로 살 것이다.

인간은 두 가지 마음으로 갈등한다. 하나는 타인에게 순응하려는 마음이고, 다른 하나는 자신의 양심에 기꺼이 복종하려는 마음이다. 철학자 스피노자는 양심을 "우리 자신 안에 존재하는 신(神)"이라고 표현했다.

양심은 개인의 독창성과 개성을 확인하고 자기 운명을 결정하며, 대중으로부터 자신을 구별하게 만드는 개성이다. 대중이 편의상 제정한 법에 복종하려는 충동은 개인을 집단 속에 파묻어 '아무개'로 전락시킨다. 그는 일생 타인의 행위와 생김새를 흉내 내고, 사회가 만든 도덕과 윤리를 맹종한다.

철학자 니체는 자신의 양심보다 사회의 관습이나 법에 순응하는 심리를 '군중본능(群衆本能)'이라고 했다. 인간은 유전적으로 자신의 생존 가능성을 높이기 위해 군중에 영합한다. 군중이 가진 폭력이 개인의 힘보다 강하기 때문이다.

인류의 조상들은 다른 집단과의 전쟁에서 이기기 위해 리더를 중심으로 위계질서를 마련했다. 대중은 무비판적으로 리

더의 명령에 순응한다. 만일 누군가 리더의 명령에 항명(抗
命)하고 자신의 양심에 순응한다면, 그는 추방되거나 죽임
을 당할 것이다.

순응이란 자신의 의지나 동기가 아니라, 권위를 지닌 자의
명령에 따르는 행동이다. 개인의 양심은 욕심이라는 본능에
기초한 방종과는 전혀 다른 마음이다. 양심은 욕심으로 가
득한 자신을 응시해 유기해야 할 군더더기를 절제하고, 흠
모할 만한 자신으로 훈련해 나갈 때 서서히 만들어진다. 양
심은 그 사람만의 개성을 만들어주는 DNA다.

19세기 미국의 사상가 헨리 데이비드 소로는 자신이 거주하
던 매사추세츠 주정부가 만든 노예제도에 관한 법률과 멕시
코와의 전쟁에 관한 결정에 항거했다. 그는 동료 미국인들
에게 인간으로서의 존재, 가치 그리고 양심이 국가의 근간
이라는 점을 호소했다.
미국-멕시코 전쟁이 끝나기 일주일 전, 그는 「시민 불복종」

이라는 제목의 에세이를 기고했다. 소로는 그의 스승이자 도반이었던 랄프 왈도 에머슨의 「정치」라는 글의 문구를 인용하며 자신의 에세이를 시작한다. "나는 '정부는 가장 덜 다스릴 때 최선이다'라는 모토를 열렬히 수용한다." 소로는 더 나아가 이 문구를 이렇게 수정한다. "정부는 전혀 다스리지 않을 때, 최선이다."

인간을 정의롭게 만드는 것은 상식과 양심이다. 소로는 자신의 양심을 발견하지 못한 채 국가 정책에 무조건 순응하는 시민들을 향해 이렇게 외친다.

시민들이여, 당신들은 자신의 양심을 포기하고 국가의 법을 따릅니까? 그렇다면 인간이 왜 양심을 소유합니까? 저는 우리가 먼저 '인간'이 되어야 한다고 생각합니다.
법에 대한 존경을 장려하는 문화는 바람직하지 않습니다. 제가 취할 수 있는 유일한 의무는 제가 옳다고 생각하는 것을 언제라도 행동으로 옮기는 일입니다.

단체(국가)에겐 양심이 없습니다. 그러나 양심 있는 사람들이 모인 단체(국가)는 양심을 소유합니다. 법은 결코 인간을 정의롭게 만들지 못합니다.

기원전 5세기, 테미스토클레스나 페리클레스는 이제 막 시작된 '민주주의' 제도의 효율성을 시험하고 있었다. 민주주의라는 연약한 식물이 가지를 내고 나무가 되어 열매를 맺기 위해서는 정교한 전략이 필요했다.

소수 아테네인들은 민주주의가 정착하고 왕정 독재로 회기하지 않기 위해서는 먼저 그들 한 명 한 명이 스스로 '숙고'하는 인간이 되어야 한다고 판단했다. 숙고란 아테네 도시 안에서 일어나는 다양한 사건들을 타인의 입장에서 역지사지(易地思之)하는 배려다.

아테네 리더들은 그리스 비극 작가들과 함께 '그리스 비극 공연'이라는 시민 의무교육을 실시했다. 만일 아테네 시민이 이 교육을 통해 성찰과 연민을 훈련하지 않는다면 그는 야만인이다. 숙고로 무장한 양심 있는 시민들이 많지 않다면, 그런 공동체가 주장하는 민주주의는 자신의 이익에 눈이 먼 수많은 욕심쟁이들의 난장판일 뿐이다. 소크라테스와 그의 두 수제자 플라톤과 크세노폰이 민주주의를 '중우정치(衆愚政治)'라고 평가하고 비판한 이유도 그 때문이다.

대한민국은 IT 강국이 아니라 SNS 강국이다. 미디어는 대중이 한순간에 매료될 만한 비상식적이고 무자비하며 자극적인 뉴스를 하루 종일 생산해낸다. 만일 누군가 악의를 지닌다면, 그는 SNS를 통해 자신이 시기하고 싫어하는 대상에 대해 의혹을 제기하고, 일방적으로 왜곡된 이야기를 만들어내 확산시킬 수 있다.

20세기 러시아 사상가인 알렉산드르 솔제니친은 이렇게 말한다. "용감한 개인이 되기 위한 첫걸음은 '거짓말'에 참여하지 않는 것이다." 그는 친구에게 보낸 스탈린 정부를 비판하는 내용의 편지가 발각되어 구소련 수용소 군도에서 약 8년을 지낸다. 그는 소로와 마찬가지로 개인의 양심이 전체주의 국가권력을 무너뜨릴 유일한 힘이라고 주장했다.

20세기에 등장한 스탈린, 히틀러, 모택동, 김일성과 같은 독재자들은 집단의 힘을 악용한 개인들이다. 이들은 항상 집단 사열, 집단 공연, 집단 시위 등을 자신들의 권력을 견고하게 하는 수단으로 이용했다. 그들은 집단을 위하는 척하지만, 실제로는 자신의 일당 독재를 견고하게 만들기 위해 집단의 힘을 사적으로 악용한 자들이다.

이 독재자들은 '집단주의 이념'을 채택하지 않는다. 그들은 집단주의가 실체 없는 무형이라는 사실을 분명히 알고 있기 때문이다. 집단이 단순히 '아무 생각 없는 사람들의 모임'이라면, 집단주의 이념은 소수에 의해 여러 요소들을 기준으로 수없이 창작될 수 있다. 지역, 남녀, 빈부, 종교, 인종을 기반으로 수많은 이념들이 생산된다.

한 지역에서 나오는 이념은 동일한가? 동일할 수 없다. 왜 냐하면 집단이라는 용어는 허울만 존재하는 껍데기이기 때 문이다. 집단은 수많은 개인들의 이익을 대변하는, 그래서 이내 허물어질 어설픈 최소공배수이기 때문이다.

세상에 동일한 집단 이념은 없다. 거기에는 수많은 집단주 의자들의 이론이나 교리만이 존재할 뿐이다. 각자는 자신들 의 집단 이론이 최선이라고 주장하고, 그 집단에 속한 사람 들의 충성을 요구한다. 그들은 자신들의 집단이 만든 우상 만을 숭배하고 경쟁자의 우상을 무비판적으로 파괴하려고 달려든다. 요즘 우리 주위에서 수시로 마주하는 정치의 민 낯들이다.

인간은 공동체의 일원이 되기를 바라는 집단주의적 유전자 를 지니고 있다. 그러나 집단을 장악하려는 소수는, 자신들 이 대중이라는 이름으로 만들어낸 '교리'로 교묘하게 그들 을 세뇌시킨다. 그런 의미에서 '국가'는 최상의 집단 지위를 획득한다. 그 경계 안에 거주하는 모든 이들을 '법'이라는 이름으로 다스린다.

심리학자 칼 융은 국가를 "순응하는 양들의 모임"이라고 비판한다. 그 양들은 자신들이 뽑은 리더가 자신들을 푸른 초원으로 인도하리라고 믿는다. 하지만 그는 "목자들의 지팡이는 철퇴가 되고 목자들은 늑대로 변질된다"고 경고한다.

인간은 외딴 섬에서 홀로 살아갈 수 없다. 인간은 다른 인간들과 소통하고 이익을 도모해 공동체를 만든다. 그 공동체를 하나로 엮을 문명을 구축하고 문화를 향유한다. 공동체는 여러 사람들의 모임으로, 한 사람 한 사람의 개성이 존재할 때 만들어지는 전체다.

개인이 자립하는 인간이 되기 위해 자신의 양심을 갈고 닦아 스스로 훈련하지 않는다면, 그는 늑대를 따르는 양으로 전락해 비참한 운명에 처한 자신을 발견하게 될 것이다. 깨어 있는 국민 한 사람이 곧 국가다. 양심의 발견이 깨달음이며, 양심의 훈련이 교육이다. 자신만의 양심에 복종하는 행위가 자유이며, 다른 사람의 양심을 경청하는 행위가 배려이자 친절이다.

자신의 심연을 들여다본 적이 없어 양심의 존재를 모르는 상태가 무식이며, 자신의 양심에 따라 행동하지 않는 언행이 수치(羞恥)다. 나는 이 양심의 소리에 복종할 것인가? 아니면 남들이 떠드는 허망한 소문에 순응할 것인가?

자유이며
자신만의 양심에 복종하는 행위가

다른 사람의 양심을 경청하는 행위가

배려이자 친절이다.

아픔과 고통은 드넓은 지성과
심오한 마음을 위해 꼭 필요하다.

도스토예프스키

전정
剪定

━━━

내 안의 가지를 치는 용기

봄은 겨울이 낳은 자식이다. 혹독한 겨울 없이 따스한 봄이 올 리 없다. 50억 년 전 지구는 원-화성(proto-Mars)과 부딪혀 23.5도 기울어졌다. 지구에서 떨어져나간 거대한 돌덩이는 한동안 우주를 부유하다 중력이라는 신기한 힘의 작용에 의해 지구 주위를 도는 달이 됐다. 지구는 달과의 신비한 중력 작용으로 생명이 살 수 있는 행성이 됐다.

지구는 한순간도 쉬지 않고 태양의 주위를 돈다. 행성이 우주에서 살아남으려면 이른바 '모난 것'을 제거해야 한다. 모난 것, 쓸데없는 것들은 자기중심으로 끌어당기는 구심력과 적당히 주위에 끌려 나가는 원심력의 오묘한 조화를 방해하기 때문이다.

만일 지구가 이 두 가지 힘의 중용을 찾지 못했다면, 지구는 이미 우주의 고아가 되어 먼지로 분해되었을 테고, 인류가 이룬 찬란한 문명과 문화도 존재하지 않았을 것이다. 우주의 구성원이 질서의 화신(化身)인 우주에서 살아남으려면 자신을 가능한 한 완벽한 구체(球體)로 만들어야 한다.

새끼 물고기는 생존을 위해 스스로 최상의 몸을 만들었다. 바로 타원체다. 타원체는 지구 거주자들의 가장 이상적인 모습이다.

지구 거주자들은 지구의 중심을 향하는 중력을 거슬러 좌우로 움직이거나 혹은 위로 솟아오르기 위해 자신의 몸을 가장 효율적인 형태로 진화시켰다. 머리는 최소한으로 간소화해 거의 사라지게 만들고, 허리 부분은 도톰하게, 그리고 꼬리 부분은 소멸시켰다.

겨울을 버텨낸 산과 들의 수많은 나무도 모두 타원형이다. 소나무, 전나무, 대추나무, 은행나무, 벚나무… 나의 눈길이 머문 곳의 모든 나무는 무심하게 타원형이다. 누가 이렇게 만들었을까? 그 누구도 아닌 자연의 솜씨다. 빛과 바람 그리고 비와 눈은 사시사철, 매순간 나무가 옆으로 퍼지지 않도록 가다듬는다.

행복이란

자신에게 허락된

무의미한 시간 속에서

의미를 찾으려는

놀이다.

나무 기둥에서 너무 많이 퍼져나간 가지는 땅으로 떨어지기 마련이다. 비바람이 불어와 나무 기둥과 가지의 이음새를 약화시키고, 가지 위로 함박눈이 쌓이면 결국 잘려나간다. 자연은 자신 안에 거주하는 인간을 포함한 모든 동식물에게 단순한 타원형의 삶을 요구한다.

나는 이곳 설악면으로 이사온 뒤 조그만 마당에 이런저런 꽃과 나무를 심었다. 마당 가운데에 능수벚나무와 목단을 심었는데, 몇 년 동안 침묵하던 목단이 4년 전부터 꽃을 피우기 시작했다. 5월이면 사치스런 목단꽃이 마당에 품위를 더해준다. 그리고 얼마 후 목단은 그 사치를 너무 오래 즐기지 말라는 듯 이내 선혈색 꽃잎을 하염없이 땅에 떨군다.

호사(好事)는 쉽사리 사라지기 마련이다. 나는 목단꽃을 보기 위해 오랫동안 목을 빼고 기다렸지만 목단은 서두르는 법이 없다. 온전한 꽃을 만들 때까지 죽은 척한다. 스스로 발화하는 데 필요한 충분한 자양분을 얻을 때까지 기다리고 기다린다. 침묵으로 추위를 인내하던 목단은 거친 나무껍질을 뚫고 서서히 머리를 내민다. 꽃이 피기까지는 석 달을 더 기다려야 한다. 그러고 나면 새싹에서 화려한 목단꽃이 핀다.

목단을 가만히 들여다보면 새싹을 내민 가지도 있고 그렇지 않은 가지도 있다. 한 송이 목단을 피워내기 위해서는 죽은 가지들을 과감하게 잘라내야 한다. 전정이란 꽃을 피우기 위해 '가지치기'로 타원형을 유지하며 선의의 경쟁을 벌인 나뭇가지들에 대한 인간의 인위적 심판이다.

고대 그리스인은 자신을 넘어서는 목표를 정해 그것을 실현하려는 치열한 삶을 추구했다. 그들은 이런 삶의 형태를 그리스어로 '아곤(agon)', 즉 '경쟁'이라고 불렀다. 그것들 중 대표적인 것이 '그리스 비극 경연'과 '올림픽 경기'다. 경쟁은 그리스인들이 스스로에게 부과한 스트레스이자 역경이다. 그들은 동료 시민들과의 선의의 경쟁을 통해 현재의 자신을 초월해 신적인 자신을 구축할 수 있다고 믿었다.

전정이란 쓸데없는 가지들을 미리 잘라내는 용기다. 이것은 스토아 철학자들이 '최악의 상황을 미리 상상하고 준비하는 마음'이다. 그들은 이 마음가짐을 라틴어로 '프리메디타치오 말로룸(premeditatio malorum)', 즉 '최악에 대한 예모(豫謀)'라고 불렀다.

후기 스토아 철학자이자 제정 로마의 재상이었던 세네카는 여행을 계획할 때 미리 최악의 시나리오를 상상했다. 폭풍우가 갑자기 불어 닥칠 수도 있고 배가 파산할 수도 있다. 지혜로운 자에게는 예상 밖의 최악의 상황이 일어나지 않는다. 어리석은 자는 막연하게 최선을 기대하지만 지혜로운 자는 항상 최악의 시나리오를 상상하고 준비한다.

한자 '전정(剪定)'은 바로 그런 의미를 품고 있다. 모든 상황을 고려해 최선의 결과를 도출하고자 미리[前] 자신만의 무기[刀]를 들고 쓸데없는 가지를 치는 용기다. 전정의 지혜는 내가 정한 구별된 장소[宀]에서 굳이 하지 않아도 되는 행위를 하나의 원칙[一]으로 그치는[止] 안목이다.

'전정'을 의미하는 영어 단어 'prune'도 신기하게 같은 의미를 담고 있다. '최상의 열매와 꽃을 피우기 위해 미리(pre) 모나지 않은 둥그런(round) 모습으로 정리하다'라는 뜻이다.

행복이란 자신에게 허락된 이 무의미한 시간에서 의미를 찾으려는 놀이다. 행복이라는 영어 단어 'happiness'는 '우연히 일어나다'라는 의미를 지닌 영어 동사 'happen'에서 유래했다. 행복한 사람은 이 우연한 순간을 운명으로 여기고 최선을 경주하지만, 불행한 사람은 모든 것이 우연이라고 치부하며 그럭저럭 산다.

두려워하는 것 자체가 불행이다. 두려움은 아픔과 고통을 배가시킨다. 우리는 실제보다 그것에 대한 상상으로 더 큰 고통을 느낀다. 스토아 철학자 에픽테토스가 말한 것처럼, 우리를 불안하게 만들고 심지어 공포 상태로 진입시키는 것은 어떤 것에 대한 우리의 판단과 생각이다. 해를 당할 거라고 상상하는 순간, 그 폐해는 우리를 엄습해 이내 우리를 질식시킨다.

지금 우리는 '코로나19'라는 미증유의 시대에 살고 있다. 이역경은 우리 사회가, 아니 우리 개개인이 다음 단계로 도약할 수 있는지를 측정하는 시험이다. 선진국은 선진적 인간들의 자연스런 모임이다. 선진적 인간이란 자신의 삶을 위해 혹은 자신이 목숨 바쳐 이룰 수 있는 한 가지를 위해 쓸데없는 것을 전정하는 사람이다.

우리에게 지금 이 순간은 전염병이 물러날 때까지 자신의 삶에 여기저기 퍼져 있는 '이기심'이라는 바이러스를 '전정'할 절호의 기회다. 나는 스스로에게 묻는다. '다음 단계로 나아가기 위해 나는 오늘 무엇을 전정할 것인가?'

밖으로 나가지 마십시오.

당신 자신에게 돌아오십시오.

진리는 내면에 존재합니다.

아우구스티누스

내면
內面

응시의 공간

나는 무엇을 추구하고 있는가? 나는 무엇을 획득하고 있는가? 그리고 그것을 나의 일부로 만들 때 과연 나는 행복한가? 남들이 좋다고 말하는 것들은 언제나 제로섬 게임으로 나를 초라하게 만든다. 나를 가장 돋보이게 하고 자족하게 만드는 그것을 어디에서 찾을 수 있을까?

들판의 나뭇잎들은 자신의 색을 울긋불긋하게 변화시켜 하나둘씩 자신이 왔던 땅으로 미련없이 돌아간다. 그곳에는 그들을 다시 꽃피울 생명의 약동이 깃들어 있기 때문이다. 땅속 깊은 곳에는 눈에 보이지 않지만 봄이 되면 다시 푸릇푸릇한 잎을 탄생시킬 신비한 힘이 들어 있다.

자신이 바라는 원대한 자신을 발견하는 장소는 어디인가? 그곳은 육체의 눈으로 볼 수 있는 외부의 장소가 아니라, 마음의 눈으로 봐야 하는 내면의 가장 깊숙한 어딘가다. 그곳은 타인이 절대로 가볼 수 없는 장소다. 그곳은 내가 그 장소의 존재를 인정하고 응시할 때 비로소 자신의 모습을 조

나는 오늘
무엇을 추구하는가?

나는 오늘
무엇을 얻기 위해

이리도
허둥대는가?

금씩 드러낸다. 그곳은 이 세상에서 가장 깊은 장소인 나의 마음이다.

아우렐리우스는 자신을 위한 최선을 학교나 유명한 철학자의 말에서가 아니라, 자신의 마음속에서 찾을 수 있다고 말한다. 문제는 내가 그 존재를 인정하고 발굴하느냐다. 그는 최선의 장소를 이렇게 말한다.

네 마음속을 깊이 파보라. 그 안에는 착함이라는 샘물이 있다. 깊이 파내려가다 보면 그것은 언제라도 밖으로 분출할 수 있다.

−『명상록』 7.59

그가 이 문장에서 사용한 첫 단어 '엔돈(endon)'은 누구나 지니고 있는 자신의 '내면'이다. 내면은 그 존재를 인정하고 응시할 때 조금씩 그 모습을 보여주는 신비한 자신이다. 이 내면에 존재하는 것이 '착함', 즉 '최선'이다.

뒤이어 나오는 '아가토스(agathos)'는 인간이 추구해야 할 가장 훌륭한 가치를 표현한 단어다. 아가토스의 의미는 '성품이 훌륭한/유익한/탁월한/정직한/행복한' 등이다.

이 단어는 기원전 3세기 유대인들의 성서를 그리스어로 번역한 〈칠십인역〉에서 히브리어 '토브(tob)'를 번역할 때 사용한 그리스 단어이기도 하다. 특히 〈창세기〉 1장에서 신은 우주를 "보기에 좋았다"라고 말할 때마다 '아가토스'를 사용했다.

그렇다면 인간의 내면에 있는 선을 어떻게 획득할 수 있을까? 아우렐리우스는 그 방법으로 '발굴하다'라는 동사 '스카프토(skapto)'를 사용한다. '발굴하다'라는 의미를 지닌 영어 'excavate'가 이 단어에서 유래했다.

고고학자들이 땅속 깊이 묻혀 있는 유물을 발굴해내기 위해서는 정교한 도구가 있어야 한다. 스카프토는 유물을 상하지 않도록 정성스럽게 괭이로 땅을 파내려가는 마음이다. 불도저를 이용해 막무가내로 땅을 밀어버리는 행위가 아니라, 정성이라는 곡괭이로 자신의 보물을 찾기 위해 매일 조금씩 조심스럽게 파내려가는 행위다.

나의 내면 가장 깊숙한 심연에는 나를 가장 나답게 만드는 아가토스, 즉 최선이라는 샘물이 숨겨져 있다. 아우렐리우스는 엄청난 군대를 이끌고 15년 이상 야전에서 지내면서 식수 공급이 군인들의 건강과 사기에 가장 중요하다는 사실을 누구보다 잘 알고 있었다. 그는 로마 군대 전체를 살리는 식수가 샘물의 모습으로 숨어 있다는 사실을 안다.

맑고 신선한 물은 산골짜기 가장 깊은 곳에서 흘러나온다. 샘물은 깊이 파내려갈수록 더 맑고 신선한 물을 공급한다. 샘물은 언제라도 나에게 줄 '최선'을 준비하고 있는데, 우리는 그 샘물을 외면하고 엉뚱한 곳에서 나의 정신적이고 영적인 목마름을 해소하려 한다.

인간의 내면에는 영원히 마르지 않는 샘물이 숨겨져 있다. 나는 오늘 무엇을 추구하는가? 나는 무엇을 얻기 위해 이리도 허둥대는가? 나는 어디를 보고 있는가? 나는 내면에서 분출을 기다리고 있는 '최선'을 발굴하고 있는가? 그 샘물을 향해 깊이 파내려갈 도구를 가지고 있는가?

인생의 의미는

당신이 스스로에게 부과한 어떤 것입니다.

조지프 캠벨

의미

意味

마음의 등불로 비춰야 할 어둠

인간은 자신이 가야만 할 목표를 선정하고, 그곳을 향해 한 걸음 한 걸음 전진할 때 행복하다. 누구에게 도와달라고 손 내밀지도 않고, 사람들이 좋다고 말하는 것에 눈길을 주지도 않는다. 그저 저 멀리 보이는 그곳을 향해 조용히 전진할 뿐이다. 이런 인생이 정말 가치 있는 삶일까? 가치 있는 삶이라면 그 이유는 무엇일까?

알제리에서 태어난 프랑스 작가 알베르 카뮈는 1947년에 소설 『페스트』를 출간했다. 그는 나치의 등장과 제2차 세계대전 당시 일어난 비극을 전염병으로 표현했다.

당시 유럽인들은 갑작스런 파시즘의 등장에 당황했고, 전염병의 위험에 노출되어 어찌할 바를 몰랐다. 사람들은 힘을 합쳐 전염병을 막기 위해 싸웠지만 방역 과정은 지난했다. 완전 방역을 확신할 수 없는 가운데 사람들은 더 이상 전염병이 퍼져나가지 않도록 온힘을 다해 노력하는 것 외에 다른 방도가 없었다.

프랑스인들은 나치의 야만적인 점령으로부터 생명을 부지하기 위해 도망쳤다. 정체를 알 수 없는 압도적인 악이 질서와 생명을 갈망하는 인간들의 삶을 해체시켜버렸다. 인간은 이 절대 악 앞에서 자문한다. 삶의 '의미'는 존재하는가? 그저 인간이 하루하루 연명하는 동물로 남는다면 인생은 무엇이란 말인가?

카뮈는 1942년, 철학 에세이 『시시포스 신화』에서 현대인들의 절망과 그 절망을 극복할 수 있는 방법을 모색한다. 이 책의 주제는 프랑스어 'absurdité'다. '부조리/부질없음/무의미' 등의 의미를 지닌다.

'absurdité'는 라틴어 '압수르두스(absúrdus)'에서 유래했다. 이 단어는 강조접두사 '압(ab)'과 '들리지 않는/뚜렷하지 않은/말을 하지 못하는'이라는 의미의 '수르두스(súrdus)'의 합성어다. '수르두스'는 처음 들어보는 소리 혹은 너무 웅웅거리거나 미세해서 알아들을 수 없는 소리다.

무의미로 가득한 우주에서

삶의 의미를 찾는 방법은

무엇인가?

인간이 어떤 소리를 이해하지 못하는 이유 중에는 이전까지 그 소리를 들어본 적이 없어 자신의 머리로는 알아차릴 수 없는 경우가 있다. 만일 한 콩고인이 스와힐리어로 말을 건다면 나는 그의 말을 이해하지 못한다. 스와힐리어를 공부한 적이 없기 때문에 내게 그의 말은 소음으로 들릴 뿐이다. 내가 오랜 시간 스와힐리어를 공부했다면 그의 말은 온전한 의미를 전달하는 기호다. 'absurdité'는 그 소리를 이해하려는 사람의 이해를 초월하는 소리다.

『시시포스 신화』의 첫 장 '부조리와 자살'은 이렇게 시작한다.

세상에는 진실로 심각한 한 가지 철학적 문제가 있습니다. 그것은 자살입니다. 인생이 살 만한 가치가 있느냐를 판단하는 게 철학의 가장 근본적인 질문에 대한 대답입니다. 그 외의 모든 것들, 세상이 3차원인지 아닌지 혹은 마음이 아홉 개의 범주인지 혹은 열두 개의 범주인지와 같은 질문은 나중에 등장합니다.

카뮈는 인생을 진행시킬 만한 의미를 찾지 못한 인간이 그나마 할 수 있는 유일한 행위는 자살이라고 말한다. 그의 사유는 로마 시대 스토아 철학자들의 삶의 태도와 유사하다.

인생은 도무지 이해할 수 없는 소음으로 가득 차 있다. 우리는 세상이 의미, 질서 그리고 이성으로 돌아간다고 믿는다. 그러나 세상과 우주는 인간의 계산보다 크다. 우리가 한정 짓는다고 해서 우주 혹은 세상이 우리의 생각대로 돌아가지 않는다.

인간은 배움을 통해 알려지지 않은 것들을 아주 조금씩 알아가고 있는 중이다. 이 배움을 멈춘다면 세상은 무의미, 무질서, 불합리로 보일 뿐이다.

우주에는 우리의 상상을 초월하는 무형의 혼돈으로 가득 차 있다. 우주는 우리가 아는 한 질서이지만, 그 너머의 무한한 세계는 무질서다. 학문이란 무의미를 의미로 조금씩 밝혀나가는 수고다.

무의미로 가득한 우주에서 우리가 원하는 의미를 찾는 방법은 무엇인가?

그 방법은 크게 두 가지다. 첫째는 철학자 키르케고르처럼 우주를 관장하는 신에게 희망을 두는 '믿음'이다. 믿음은 비합리적인 '신앙의 도약'에 의지한다. 혹은 철학자 사르트르처럼 인생에는 우리가 원하는 그런 의미가 없다고 여기는 허무주의다.

둘째는 카뮈의 '부조리'라는 개념이자 생활방식이다. 부조리는 인간이 이해할 수 없는 모순으로 가득한 삶을 있는 그대로 수용하는 긍정적인 삶이다. 그는 부조리의 세 가지 삶의 방식을 소개한다.

그것은 남들이 만들어놓은 해답이나 절충을 거부하는 반항, 자신이 원하는 삶을 스스로 상상하고 행동하는 자유, 그리고 자신이 흠모한 삶을 찾기 위해 다양한 경험을 마다하지 않는 열정이다.

부조리를 품고 사는 네 부류가 있다. 순간의 쾌락을 추구하는 탐미 유혹자, 무대 위에서 대중의 욕망을 상징적으로 연기하는 배우, 자신의 세속적인 욕망을 발휘하는 정복자 혹은 반역자, 그리고 마지막으로 이전에 경험해보지 못한 세계를 창조하려는 예술가.

예술가는 자신의 경험을 설명하지 않고 단순히 묘사할 뿐이다. 그는 자신이 응시한 대상을 통해 인류의 보편적 주제가 아닌 자신만의 사적인 감정을 표현한다.

시시포스는 산 정상 가까이 밀어 올리면 다시 산 아래로 굴러 떨어지는 무거운 바위를 영원히 굴려 올리는 형벌을 받는다.
작가 카뮈에게 시시포스는 인생철학의 핵심을 몸소 보이는 이상적 영웅이다. 시시포스는 이 부질없는 노력 이외에는 더 이상의 할 일을 찾지 못한다. 이 부질없음이 역설적으로 행복이다.

시시포스는 산 아래로 굴러 떨어진 바위를 응시한다. 흙으로 뒤덮인 바위를 힘겹게 밀어 올리며 다시 무거운 발걸음을 내디딜 참이다. 이 수고로움을 또다시 반복해도 바위는 다시 산 아래로 굴러 떨어질 거라는 사실을 그는 안다. 그에게 바위는 신이며, 바위를 포기하지 않고 들어 올리려는 마음은 산 정상이다.

카뮈는 1955년 『시시포스 신화』의 영문판에 새로운 서문을 추가해 자조적인 부조리를 희망적인 부조리로 수정했다.

인간이 신을 믿지 않는다 할지라도 자살은 정당하지 않습니다. 1940년, 프랑스와 유럽 참사 가운데 나는 이 책을 썼습니다.
나는 15년이 지난 지금, 허무주의의 한계 안에서 벗어나 그 이상으로 전진할 수 있는 도구를 찾을 수 있다고 선언합니다. 그 이후에 저술한 모든 책에서 나는 이 방향을 추구하려고 시도해왔습니다.

『시시포스 신화』가 도덕적인 문제를 제기한다 할지라도, 나는 이 책을 다음과 같이 요약합니다. 이 책이 사막의 한가운데서도 삶을 영위하고 창조하는 선명한 초대장이 되면 좋겠습니다.

삶의 의미는, 삶이 무의미하다고 여겨질 때 건져 올릴 수 있는 바닷속 깊은 곳에 숨겨진 진주다. 내 마음의 등불로 빛을 비춰야 할 어둠, 그것이 바로 삶의 의미 아니겠는가!

삶의 ──────── 의미는

삶이   무의미하다고

여겨질   때

건져 올릴 수   있는

바닷속 ──────── 진주다.

2부

엄격
嚴格

품위 있는
나를
만드는 법

위대한 생각은 걸을 때 떠오른다.

프리드리히 니체

걸음

속일 수 없는 내면의 품위

나는 매일 30분 정도 가만히 앉아 있는다. 그리고 1시간 30분 정도 걷는다. 앉기와 걷기는 상호보완적 신체 동작이다. 걷기 위해 앉고, 앉기 위해 걷는다. 가야 할 곳만 가기 위해 다리를 묶고, 나의 걷기가 올바른지 관찰하기 위해 좌정한다.

미국의 자연주의자이자 철학자이며 『월든』과 「시민 불복종」을 쓴 작가 헨리 데이비드 소로는 일생을 '전문적'으로 걸었던 사람이다. 동시대 미국 사상가인 랄프 왈도 에머슨은 소로의 걷기를 이렇게 평가했다.

소로는 걸은 만큼 글을 썼다. 집 안에만 있었다면 글을 전혀 쓰지 못했을 것이다.

나는 에머슨의 이런 평가에 온전히 동의한다. 걷기는 나에게도 글을 쓸 수 있도록 도와주는 원동력이기 때문이다. 소로가 1862년 결핵으로 사망하자 미국 월간지 《애틀랜틱》

은 그를 추념하며 그해 6월호에 소로의 미발표작 「걷기 (Walking)」를 실었다. 사람들이 기억하는 그만의 대표적 상징이 '걷기'였기 때문이다.

이 글을 통해 소로는 자신의 삶에서 걷기의 중요성을 이해하는 사람을 거의 만나지 못했다고 말한다. '걷는 행위'를 예술적으로 표현한 영어 단어가 'saunter'다. 번역하자면 '산책'이다. 'saunter'라는 단어의 어원에 대해서는 의견이 분분하다. 소로는 이 단어의 어원을 'la sainte Terrer', 즉 '거룩한 땅인 예루살렘을 향해 가는 순례자' 혹은 프랑스어 표현 'sans terre', 즉 '집 없이 (떠도는 사람)'에서 찾았다.

산속의 물줄기가 바다로 가는 최단의 거리를 찾아 헤매어 그 물길을 트듯이, 산책하는 사람은 자신이 가고자 하는 목적지를 가기 위해 최적의 경로를 찾아 헤매는 사람이다. 목마른 사슴이 샘물을 찾아 헤매듯이, 그는 자신이 가야만 하는 장소로 올곧이 걸어간다.

인생의 중요한 의미를 배우는 데는 걷기만한 게 없다. 하지만 혼자 터득해야 한다. 가르쳐주는 사람도 없어 제각기 아무렇게나 걷는다.

나의 아침 산책은 자연의 움직임뿐만 아니라 내 몸의 움직임을 관찰하고 수정하는 훈련이다. 지난 일 년 반 동안 제대로 걷는 연습을 했지만, 아직도 몸에 배지 않아 의식하지 않으면 여전히 왼쪽 어깨가 약간 올라간다. 운동화 뒤축을 보면 번번이 오른쪽 바닥이 더 닳아 있다.

육체와 정신은 동전의 앞뒤일 뿐만 아니라 영혼과도 하나다. 서양 철학과 그 영향을 받은 그리스도교는 정신과 육체를 분리하는 실수를 범했다. 그들에게 육체는 정신과 영혼에 비해 열등한 개체다.

미국 심리치료사이자 의사인 알렉산더 로웬(Alexander Lowen)은 몸과 마음의 일치를 통해 진정한 자아를 구축할 수 있다고 주장한다. 인간을 포함한 대부분의 생물들은 그것이 내는 소리 혹은 인간이라면 말보다는 몸의 민첩한 움직임으로 자신의 개성과 특성을 가장 잘 표현한다.

움직임은 그 개체의 정체성이다. 움직임뿐만 아니라 앉아 있는 자세, 자태, 태도, 동작은 그것의 음성 기관을 통해 나오는 소리보다 원초적이며, 소리를 초월하는 언어를 구사한다. 마음과 신체의 연관성은 아직도 신비에 싸여 있다.

한 가지 확실한 점은, 두 개는 태생적으로 하나라는 사실이다. 긍정적인 생각은 치명적인 병을 얻은 사람을 살릴 수도 있고, 건강한 신체는 아픈 마음을 극복하도록 돕는다. 현대인들은 정신이 병들었을 때 신체를 단련하기보다 약물에 의존한다.

로웬은 신체를 단련하는 것이 자신에게 어울리는 개성을 고양시키는 가장 확실한 방법이라고 말한다. 우리의 생각과 감정이 몸의 움직임에 영향을 주듯이, 몸을 지탱하고 움직이는 방법이 우리의 사고와 감정에 영향을 준다.

만일 자신이 대담해지길 원한다면, 정신뿐만 아니라 신체로 용기를 표현할 수 있도록 훈련해야 한다. 반대로 용기가 있는 행동은 그것을 준비하는 정신과 밀접한 관계가 있다. 정신적으로 온전히 무장하지 않는다면, 용기가 부족한 비겁자나 용기가 과해 만용을 부리는 자가 될 것이다.

감정적으로 불안한 사람은 몸의 움직임이 충동적이거나 강압적이다. 강박감에 사로잡힌 사람의 몸은 굳어 있고, 에고의 노예가 되어 기계적으로 불안하게 움직인다. 자발에 근거한 즉흥적인 유연함을 찾을 수 없다.

충동에 사로잡힌 사람의 행위는 과도하다. 가만히 앉아 있을 수 없어 몰입을 요구하는 창조적인 일에 적합하지 않다. 높은 지능을 지녔는데도 감정이 불안하다면, 그는 자신이 원하는 결과를 얻을 수 없다.

건강하고 건전한 신체를 지닌 자는 언제나 품위가 있고 단

아하다. 그런 사람은 자기 몸의 움직임을 의식하지 않지만 습관적으로 자연스럽게 움직이기에 어디에서나 눈에 띄며 매력적이다. 그의 움직임은 즉흥적이나 단호하며 절제되어 있다. 그는 자신의 심연에서 우러나오는 진정성을 자연스럽게 표현하기 때문에 자유롭다. 마치 촛불처럼 쉼 없이 변화하지만 안정적이다.

니체는 로웬보다 급진적인 주장을 펼쳤다. 그는 일찍이 서양 철학과 그리스도교의 신체–정신–영혼 구분의 문제점을 지적하며, 육체가 정신과 영혼의 건강을 이끈다고 생각했다. 그는 『차라투스트라는 이렇게 말했다』 중 '육체를 무시하는 자들'이라는 단락에서 이렇게 말한다.

육체를 무시하는 사람들에게 말 좀 하겠습니다. 그들이 다르게 배우거나 가르쳐서 그런 게 아닙니다. 단순히 그들은 자신들의 육체와 고별했기 때문입니다.
몸은 위대한 지성입니다. 육체라는 감각은 다양한 것을 소유합니다. 당신의 육체를 위한 도구는 당신의 '열등한' 지성입니다. 사람들은 그것을 '영혼'이라고 부릅니다. 영혼은 당신의 위대한 지성(육체)을 연주하는 도구입니다. 당신은 "나는"이라고 말합니다. 당신은 그 단어를 자랑스러워해야 합니다.

고대 로마 시인 유베날리스는 "건강한 신체에 건강한 정신이 깃들기를 기도해야 합니다"라고 말한다. 그 역시 건강한 신체가 건강한 정신의 모체라고 여겼다. 나는 지금 바로 앉아 있는가? 나는 오늘 바로 걷고 있는가?

몸은 위대한 지성이다.
나는 지금 바로 앉아 있는가?
나는 오늘 바로 걷고 있는가?

과거 일을 기억한다는 것은

실제로 일어난 일을 기억하는 것은 아니다.

마르셀 프루스트

기억

記憶

진리를 가장한 기만

내가 태어난 지구는 일 년 내내 태양으로부터 도망치려 부단히 애쓴다. 태양계 밖에 무엇이 있는지 그 강력한 힘이 지구를 당기고, 태양은 도망치려는 지구를 끌어당겨 매일 팽팽하게 줄다리기를 경주한다.

동짓날은 지구가 태양으로부터 가장 멀리 벗어나는 날이다. 더 이상 벗어나면 지구는 우주의 미아로 떠돌다 소멸하고 말 것이다. 그런 별을 'disaster', 즉 '재앙'이라고 부른다. 'disaster'는 별(aster)이 자신이 가야 할 길을 알지 못하고 기억하지 못해 그 길에서 벗어날(dis-) 때 생기는 재앙이자 불행이다.

태양은 그래도 지구에 대한 희망을 놓지 않는다. 태양은 오늘, 스스로 멸망할 수밖에 없는 지구를 구원하기로 작정했다. 달아나는 지구를 더 이상 도망가지 못하도록 당분간 정지시킬 것이다. 인류는 이 신기한 날을 오랫동안 중요한 날로 여겼다.

눈보라가 몰아치는 혹독한 겨울의 중심에는 밤의 길이가 가장 길다는 '동지'가 있다. 동지는 지구의 북반구에서 낮의 길이가 가장 짧고, 밤의 길이가 가장 긴 날로 대개 12월 22일이다. 동양에서는 '겨울의 한가운데'라는 의미로 '동지(冬至)'라고 불렸고, 서양에서는 '태양이 정지되어' 모든 생물들을 죽게 만들 것 같다고 해서 'solstice'라고 불렸다.

인류의 조상들은 수십만 년 동안 이날을 가장 중요한 축제의 날로 정해 기념했다. 동지는 역설적이다. '밤의 길이가 가장 긴 날'이지만 동시에 '밤의 길이가 짧아지기 시작하는 날'이기도 하다. 캄캄한 어둠이 영원히 지속될 것만 같은 절망의 시간이면서 동시에 환한 빛이 성큼성큼 다가오는 희망의 신호이기도 하다.

태양도 정지한다는 동짓날에 어울리는 활동은 기억이다. 지난 일 년을 회고해 나 자신을 현미경 재물대에 올려놓고 자세히 관찰할 수 있는 최적의 시간이다.

그리스 비극 작가 아이스킬로스는 『결박된 프로메테우스』
에서, 인류가 짐승과도 같은 삶을 살던 때 프로메테우스가
불을 통해 인간에게 문명과 문명의 근간인 기억을 선물했다
고 노래한다.

전에는 인간들이 눈을 뜨고도 보지 못했다.
귀가 있어도 듣지 못했다. 마치 꿈속의 형태처럼.
자신들이 살아 있는 동안
목적도 없이 모든 일들을 혼돈 속에서 처리했다.
그들은 양지바른 곳에 벽돌로 집을 지을 줄도 몰랐다.
목재도 다룰 줄 몰랐다.
그들은 햇빛도 들지 않는 어두운 동굴 속에서 우글거리는
개미떼처럼 살았다.
그들은 겨울이 온 줄도 모르고
꽃이 피는 봄이나 열매 맺는 여름이 와도
그것을 말해줄 확실한 증표가 없었다.
그들은 판단 없이 모든 것을 엉망으로 처리했다.

내가 그들에게 별이 언제 뜨고 지는지

알려주기 전에는 몰랐다.

사실 그런 지식은 알아내기 힘들다.

나는 그들을 위해 과학의 진수인 숫자를 발명해주었다.

글의 조합인 문자를 만들었다.

기억은 모든 것을 만드는 뮤즈 신의 어머니다.

　　　　　　　　　　　－『결박된 프로메테우스』447−462행

프로메테우스는 제우스 신 몰래 인간에게 불과 문명을 전달해 극형을 받았다. 그는 산 정상에 묶였고, 매일 아침 독수리가 날아와 그의 간을 조금씩 쪼아 먹었다. 프로메테우스는 메시아처럼 인류에게 문명을 선사하기 위해 스스로 십자가를 진 것이다. 그는 인간 문명의 핵심이 기억이라고 말한다.

나는 무엇을 기억하고 있는가? 나는 오늘의 나를 어떤 인간으로 기억할 것인가? 찰스 디킨스는 여덟 번째 소설이자 자전적 장편소설인 『데이비드 코퍼필드』에서 1인칭으로 자신의 유년 시절부터 중년까지를 기술한다. 유년의 어리석음이 중년의 성숙으로 변화하는 과정을 담고 있는 이 소설의 첫 구절은 이렇게 시작한다.

내가 내 삶의 영웅이 될 것인지, 아니면 다른 사람이 내 인생의 구간을 차지할 것인지를 이 (소설의) 페이지들이 보여주어야 한다.

1세기 랍비 힐렐이 『탈무드』에서 말한 것처럼 "내가 나를 위하지 않는다면 누가 나를 위할 것인가?"라는 문구가 떠오른다. 내 삶의 주인공이 내가 아니라면 대체 누가 주인공이란 말인가? 디킨스는 이 소설에서 코퍼필드의 삶을 장악하는 사람이 그 자신이 아니라 다른 사람이었는지를 더듬어 복기한다.

코퍼필드는 스스로 자신의 삶을 선택하지 않고, 누군가 그의 삶을 살도록 방치했는가를 묻는다. 코퍼필드는 1인칭으로 전개될 소설의 사건들을 통해 자신이 삶의 주인이었는지 아니었는지를 보여줄 참이다. 나의 삶이 내가 정한 목적지를 향해 걸어왔는지, 아니면 나와 상관없는 다른 것을 추구했는지를 스스로에게 물어야 한다.

동짓날, 지구가 태양으로부터 가장 멀리 떨어져 나온 이날, 지나가는 한 해를 기억하며 나에게 묻는다. 한 해 동안 나는 연초 계획한 나의 임무를 하나의 스토리로 완성하기 위해 노력해왔는가? 아니면 주위의 유혹에 이끌려 산만한 인간으로 우왕좌왕했는가? 나는 나에게 주어진 일 년이라는 시간의 주인공이었는가? 아니면 어설프게 다른 사람을 흉내 낸 엑스트라였는가?

나는

무엇을 기억하고

있는가?

나는 무엇을 기억하고 있는가?

나는

무엇을 기억하고

있는가?

나는
오늘의 나를 어떤 인간으로
기억할 것인가?

나는 오늘의 나를
어떤 인간으로 기억할 것인가?

나는
오늘의 나를 어떤 인간으로
기억할 것인가?

교육의 목표는

정글을 정리하는 것이 아니라

사막에 물을 대는 것이다.

C. S. 루이스

도야
陶冶

나만의 임무

강렬한 열망과 집중은 ────────

묵상을 떠받치는

두 개의

──────────── 기둥이다.

———————————— 게으름과 무관심은

묵상을 좌절시키는

치명적인

방해꾼이다. ————————————

요즘 '인생이 하루 같다'는 말이 실감난다. 그래서 그런지 전보다 일찍, 이른 새벽에 잠에서 깨어난다. 오늘도 변함없이 창밖의 벗나무를 응시하며 방석 위에 좌정한다.

오늘 하루, 내가 가야 할 방향을 지시하는 '또 다른 나'와 마주한다. 부산한 일과 생각을 정지시키고 나만의 제단에서 가만히 눈을 감는다. 묵상이란 좌정과 몰입을 방해하기 위해 계속 짖어대는 사납고 무시무시한 한 마리 검은 개 앞에서도 꿈쩍하지 않는 기개다.

나의 순수한 열망이 모든 것을 제거하고 온전히 나에게 몰입하는 집중과 만나면, 새로운 경지가 등장한다. 그것이 묵상이다. 열망이란 자신의 육체와 세상의 쾌락보다 더 숭고한 빛을 자신의 삶에서 구현시키기 위해 진정으로 바라는 마음이다.

그 열망으로 이기심을 절제하고 오늘에 어울리는 더 숭고한 삶을 찾기 위한 집중이 묵상이다. 강렬한 열망과 집중은 묵상을 떠받치는 두 개의 기둥이다. 게으름과 무관심은 묵상을 좌절시키는 치명적인 방해꾼이다.

몰입은 세속적인 성공을 위한 지름길이다. 인간은 몰입을 통해 과학, 예술, 상업과 같은 분야에 필요한 기술을 획득할 수 있다. 자신이 선택한 직업을 통해 명성과 권력 그리고 삶의 의미를 찾고자 한다면 자신의 소명에 몰입해야 한다.

그러나 묵상은 정신적이며 영적인 성공을 위한 필연의 조건이다. 묵상의 목표는 자신에게 주어진 삶을 완벽한 예술작품으로 만드는 데 있다. 자기를 넘어선 자신, 초월적인 자신이자 신적인 자신을 찾기 위해 필요한 예술이 묵상이다.

인간은 몰입을 통해 천재적인 예술가나 위대한 카이사르가 될 수 있지만, 초인(超人)은 될 수 없다. 인간의 상태로는 깨달을 수 없는 신적인 지혜와 붓다의 평정심을 몰입을 통해 얻을 수는 없다. 몰입의 연마가 권력이고, 묵상의 완성은 지혜다. 정심(正心), 정언(正言) 그리고 정행(正行)은 묵상의 결과다.

묵상을 수련하는 사람은, 세상이 운행되는 참된 이치이자 인간 행동의 원칙인 진리를 끊임없이 알려 하고 자신의 삶에서 그대로 실천한다. 진리란 오늘 내 삶과 유리된 형이상학적 개념이 아니다.

진리란 지금 나의 최선을 드러내어 내가 해야만 하는 고유한 임무를 알아내는 모험이며, 그 임무를 과감히 행동으로 옮기는 용기다. 진리는 내가 열망하는 저 높은 생각을 나의 언행으로 실행하는 용기이며 습관이다. 언행일치란 생각이 자신의 몸가짐과 행동가짐으로 표현되는 것이며, 일상의 사소한 일을 숭고하게 처리하는 배려다.

묵상을 수련하는 사람은 자신과 타인 그리고 자연을 그냥 보지 않는다. 만물은 인과응보의 결과이며, 인과응보를 넘어선 것을 신의 섭리로 이해한다. 진리 안에 거주하는 사람의 마음은 흔들리지 않는다. 자신에게 다가온 문제의 경중을 따져 한 번에 하나씩 고요하게 해결한다.

묵상은 집중보다 엄격한 자기절제를 요구한다. 집중의 성과는 가시적이지만, 묵상의 성과는 잘 드러나지 않기 때문이다. 몸과 마음을 매일 정결하게 닦는 과정이 없다면 묵상은 실패할 가능성이 크다. 몸에 훈습으로 배인 열망과 절제는 하루라는 경기장에서 고스란히 드러나기 마련이다.

지속적인 묵상 수련을 통해 인간은 자신의 소명을 목숨처럼 여기고, 자신이 어떤 상황에 처해 있든 더 숭고하고 완벽하게 완수하려고 노력한다.

인간은 생각의 가감 없는 거울이다. 솔로몬은 〈잠언〉 23장 7절에서 "마음의 생각이 어떠하면 그의 사람됨도 그러하다"라고 말한다. 솔로몬은 '생각'을 히브리어 동사 '샤아르 (shaar)'라는 단어를 통해 정의했다.

샤아르는 혼돈의 장소인 버려진 땅에서 질서의 장소인 도시 안으로 들어가기 위한 '성문'이다. 샤아르는 또한 '성문을 통해 다른 단계로 진입하려는 구도자를 성문 위에서 관찰하는 행위'다.

8세기 이슬람 신비주의 수피 시인 라비아는 다음과 같은 시를 썼다. 이라크의 남쪽 항구 바스라에서 태어난 그녀는 일생을 홀로 살면서 사막에서 명상을 수련했다. 그녀의 시에 '묵상'이라는 제목을 붙이고 싶다.

형제자매 여러분,
저의 평안은 고독입니다.
그리고 저는 제가 흠모하는 그분과 항상 함께 있습니다.
왜냐하면 그분의 사랑을 대치할 만한 것을
찾지 못했기 때문입니다.
인간들 사이에 살면서 그분을 사랑하는 것은 시험입니다.

묵상은 한 단계에서 다음 단계로 도약하려는 자신을 스스로 제3자가 되어 가만히 지켜보는 행위다. 나의 생각들을 복기해보면, 그것들은 내가 습관적으로 해오던 생각들이다. 그러므로 나를 절제함으로써 다음 단계에 어울리는 행위를 생각해낸다. 그런 생각을 연습하고 자신의 몸에 익히는 것이 나의 개성이며 나의 운명이다.

제가 아우슈비츠로 끌려갔을 때
출판을 위한 원고도 압수당했습니다.
이 원고를 다시 써야겠다는 욕망이
저를 아우슈비츠에서 생존하게 했습니다.

빅터 프랭클

일념
一念

고유한 임무를 찾는 마음 훈련

생각은 말과 행동을 일으키는 나의 중앙 제어 장치다. 내가 생각을 장악하고 정교하게 다듬는 훈련을 무시하거나 소홀히 여긴다면, 나의 말과 행동도 허접해질 것이다. 정교하게 훈련한 말과 글이 생산되는 가시적인 주체인 몸을 함부로 다루면, 흩어진 몸이 다시 생각과 말에 영향을 주어 나를 어눌하게 만들 것이다.

요가는 이 세 가지 인간 활동을 최적화된 상태로 유지하기 위한 훈련이다. 생각 훈련이란 자신에게 알맞은, 그래서 나의 최선을 발휘하게 만들 수 있는 한 가지 대상을 찾는 연습이다. 그래야 무아 상태로 진입해 나만이 완수할 수 있는 고유한 임무를 발견할 수 있다.

인도인들은 그 고유 임무를 '다르마(dharma)'라고 불렀다. 불교가 중국으로 전파되면서 다르마는 한자 '法(법)'으로 번역됐다. '법'이란 강물의 흐름과 같이 당연하고 저돌적인 것으로, 과거에 집착하지 않고 과감히 유기하려는 삶의 규범이다. 만약 자신의 다르마를 발견하고 발휘할 수만 있다면 그의 삶은 행복할 것이다.

자신의 다르마를 찾기 위한 방안이 '일념'이다. 요가 수련에서는 일념을 산스크리트어로 '에카그라타(ekagrata)'라고 부른다. 에카그라타란 자신이 발견한 '하나(eka)' 안으로 온전히 '들어가는(agra)' 마음 훈련이다. 일념의 훈련을 통해 마음을 잔잔한 호수처럼 개조할 수 있다. 일념은 파도처럼 분산된 생각들을 제어해 잠잠하게 만든다.

예수가 갈릴리 호숫가에서 고기 잡기를 실패한 시몬(후에 베드로로 개명)과 안드레에게 말한 "깊은 곳으로 너 자신을 인도하시오!"에서 '깊은 곳'이란 자신의 다르마가 숨겨져 있는 장소다. 그리고 그곳으로 진입하도록 도와주는 가이드가 일념이다. 일념은 인간이 자신의 분야에서 자족하고, 자신이 속한 공동체에 도움이 되는 결과를 도출해낼 수 있는 유일한 도구다.

인간은 깊은 곳을 두려워한다. 사실은 깊은 곳을 두려워하는 자신을 두려워한다. 그 길을 막는 괴물은 바로 자신이다.

깊은 곳은 어느 누구도 가본 적이 없어서 나의 힘과 의지로 정복해야 하는 미궁의 한가운데. 정신을 차리고 그 진입하는 여정을 분명히 기억하면, 나는 능히 그 안에 존재하는 미노타우로스라는 괴물을 살해할 수 있다. 이 괴물을 물리치는 무기가 바로 일념이다.

헨리 데이비드 소로는 『바가바드기타』『마누법전』 그리고 『비슈누 프라나』와 같은 고대 인도 경전들에 심취했다. 특히 『비슈누 프라나』에 등장하는 북극성이 된 드루바(Dhruva) 이야기에서 많은 영감을 얻었다.

'단호한'이라는 의미의 이름을 가진 '드루바'는 왕족이었으나 왕위가 형에게 돌아가자 낙담한다. 그러자 드루바는 결심한다.

나는 내 것이 아닌 것을 얻기 위해 인생을 허비하지 않을 것이다. 아버지 왕조차 획득할 수 없는 것을 추구할 것이다.

그는 숲에 있는 일곱 현인들을 만나 그 누구도 가보지 않은 지경으로 들어가고 싶다고 말한다. 그들은 드루바에게 우주를 지탱하는 비슈누 신에게 기도하라고 조언한다.

야무나 강둑에 올라 명상을 시작한 드루바는 삼매로 진입한다. 그의 간절함이 어찌나 강력한지 신들조차도 쉴 사이가 없었다. 신들은 악마도 보내고 호랑이도 보내보았지만 드루바는 꿈쩍도 하지 않았다. 그는 일념으로 오직 비슈누 신에게 기도했다.

신들은 드루바가 우주에서 가장 강력한 신이 되어 모든 신들을 몰살시키고 말 거라고 걱정했다. 그러자 비슈누는 드루바의 목적은 그와 같은 권력이 아니라고 말했다. 드루바는 단지 비슈누 신을 직접 목격하고 싶었다.

비슈누는 드루바가 모든 별들이 운행할 수 있는 기준이 되도록 하늘 가운데 그를 고정시켰다. 일곱 현인은 큰곰자리 별인 북두칠성이 되고, 드루바는 움직이지 않는 북극성이 됐다.

이 드루바 이야기에서 영감을 얻은 소로는 『월든』의 마지막 장인 '결말'에 '쿠루 도시'의 이야기를 등장시킨다. 쿠루는 『바가바드기타』에서 같은 왕조의 친척인 '판다바'라는 오형제와 '카우라바'라는 그의 사촌들 간의 전쟁이 일어난 들판이다. 쿠루의 들판은 바로 다르마가 무엇인지를 찾아가는 들판이기도 하다.

이 이야기의 주인공은 장인(匠人)이다. 그의 인생 목표는 '완벽'이다. 어느 날 그는 지팡이를 통해 자신의 완벽을 수련하기로 결정한다. 그는 자기 자신에게 불완전이란 부족한 시간이며, 완벽이란 시간조차 개입할 수 없는 무아지경이라고 생각했다.

그는 숲으로 들어가 지팡이에 어울리는 나무를 찾기 시작했다. 마음에 드는 나무가 없어 그는 오랜 시간을 숲속에서 보냈다. 그러는 동안 친구들은 하나둘씩 떠나갔다. 그들은 간절하게 추구하는 것 없이 늙어갔고 결국 세상을 떠났다.

장인에게는 시간을 거스르는 마법이 있었다. 분명한 목적과 단호한 결심, 바로 에카그라타(일념)다. 그는 매일 경건하게 완벽한 지팡이를 만들기 위해 몰입했고, 우주의 주인인 시간조차 그에게서 달아나버렸다. 그는 영원한 청년이다. 그는 시간에게 자신을 양보하지 않았다. 시간은 자신이 정복할 수 없는 이 장인의 모습에 멀리서 한숨만 지었다.

장인이 적당한 나무를 찾기도 전에 그가 살던 쿠루라는 도시는 폐허로 변했다. 그는 언덕에 앉아 나무껍질을 벗기기 시작했다. 나무가 지팡이 모양을 취하기도 전에 칸다하르 왕국이 소멸했다. 그는 그 나무 끝으로 모래 위에 칸다하르 인종의 마지막 이름을 썼다.

장인은 다시 나무를 다듬기 시작했다. 그동안 영겁이 지나 북극성도 사라졌다. 그가 지팡이의 손잡이를 만들어 보석으로 장식하기도 전에, 우주를 창조한 신인 브라흐마가 몇 번이고 잠에서 깨어났다 다시 잠들었다.

마침내 그는 그가 간절히 원하던 지팡이를 완성했다. 그 지팡이는 브라흐마 신이 만든 창조물 중 가장 위대한 작품으로 변모했다. 그가 지팡이를 만들며 자신의 '완벽'을 수련하는 동안 오래된 도시와 왕조가 사라지고 더 아름답고 웅장한 도시와 왕조가 들어섰다. 그의 일념으로 우주의 새로운 문법이 만들어졌다.

장인은 이제 눈을 들어 사방을 응시한다. 그리고 자신의 발등에 쌓인 나무껍질 부스러기를 보고 깜짝 놀란다. 영겁이라는 시간의 흐름은 환영이었다. 그것은 브라흐마 신의 뇌에서 나온 섬광이 자신의 뇌에 와닿는 순간이었다. 그는 일념의 순간 속에서 가장 완벽한 지팡이를 만들어냈다.

자신의 마음속으로 퇴거해 적당한 나무를 찾아 완벽한 지팡이를 만드는 과업만이 거룩하다. 그런 행위는 인생이라는 제한된 시간을 초월하는 북극의 오로라다.

나는 그런 나무를 찾았는가? 나는 내가 원하는 완벽의 지팡이를 만들고 있는가? 나는 지금 일념을 수련하고 있는가?

일념은

파도처럼 분산된

생각들을

제어해

잠잠하게 만든다.

일념이
있는 사람은
시간에게
자신을

양보하지 않는다.

본다는 것은

내가 보는 것의 이름을 잊는 것이다.

폴 발레리

취미
趣味

━━━

나를 정의하는 것들

우수, 경칩이 지나면 대동강 물도 풀린다는 속담이 있다. 이때쯤이면 아침에는 겨울바람이 늑장을 부리지만 낮은 봄기운으로 가득 찬다. 우리 선조들은 지구가 태양을 한 바퀴 도는 일 년을 자연의 변화와 섭리에 따라 다시 스물네 개로 구분했다. 그 구분이 절기(節氣)다.

절기는 열두 달을 기계적으로 나눈 것이 아니다. 절기는 지구가 태양으로부터 나오는 광선을 받아 자연과 그 안에서 서식하는 동식물들의 근본적인 변화를 관찰한 구분이다. 절기는 지구 거주자라면 자신의 몸으로 느껴야 할 변화다. 스물네 개의 절기 가운데 우수(雨水)는 하늘에서 비처럼 내리는 봄기운으로, 내 마음속에 고이 간직하고 있던 종자를 발아해 싹을 내야 할 결정적이며 운명적인 시간이다.

19세기까지 인간 수명은 기껏해야 50년이었다. 소수에게만 적용되던 의학 혜택이 20세기 들어 대중에게도 전달됐다. 오늘날 수명은 100년 전과 비교해 거의 두 배로 늘어났다.

근대인들의 인생은 가족을 중심으로 정해졌다. 한 가정에서 태어나 일정한 교육을 받고 직장을 가진 뒤 결혼해 자식을 낳는다. 장년이 된 인간은 자식이 결혼을 하고 아이를 낳고, 그 아이들이 자라나는 과정을 보며 말년을 즐긴다.

하지만 이런 구분은 이미 지나간 모델이다. 현대인들은 놀라운 의학의 발전으로 19세기의 거의 두 배인 100세 인생을 살기 시작했다. 첫 50년은 화목한 가족을 위해, 그리고 생물학적인 의무를 위해 전념했다면, 두 번째 50년은 정신적이며 영적인 의무를 위해 새로운 삶을 살아야 한다.

두 번째 삶을 시작하기 위해 필요한 습관이 있다. 바로 '고독'이다. 고독은 혼자 있기를 심심해하는 '외로움'과는 다르다. '외로움'은 불안이며 두려움이지만 고독은 고요이며 온전함이다. 『로마 제국의 쇠퇴와 멸망』의 저자인 영국 사학자 에드워드 기번(Edward Gibbon)은 '고독'에 대해 이렇게 말한다.

다른 사람들과의 대화는 이해를 증진합니다. 그러나 고독은 자신을 천재로 둔갑시키는 학교입니다. 일생을 통해 이룩해야 할 업적의 일관성은 한 예술가의 고독이 만든 손길입니다.

예술가들이나 작가들은 대부분의 시간을 기번이 기술한 대로 홀로 지낸다. 그뿐만 아니라 새로운 세계를 연 과학자들이나 혁신가들은 타인과의 어울림만큼이나 자신과의 어울림을 소중하게 여긴다. 아리스토텔레스는 인간을 "도시 안에서 다른 인간들과 더불어 사는 동물"이라고 정의했다. 우리는 이 철학자의 정의에 따라 인간 행복의 원천이 타인(들)과의 밀접한 관계를 통해서만 가능하다고 믿어왔다.

그러나 인류의 수명이 늘어나면서 인간은 남은 50년을 우리 자신이 정한 문법으로 살아가야 한다. 우리 주위에서 볼수 있는 창조적인 작업에 몰두하는 사람들은 애초부터 고독을 생활화한 사람들이다.

외로움은

불안이며

두려움이지만

고독은

고요이며
온전함이다.

고독은

자신을

천재로 둔갑시키는

학교다.

예를 들어 많은 위대한 사상가들은 가족이 없거나 사회활동을 거의 하지 않았다. 데카르트, 뉴턴, 로크, 파스칼, 스피노자, 칸트, 라이프니츠, 쇼펜하우어, 니체 그리고 비트겐슈타인과 같은 학자들은 외톨이였으며, 뉴턴은 독신주의자이기도 했다.

우리는 이런 사람들을 경외나 놀라움의 대상으로 여기며 보통사람들의 희로애락을 경험하지 않는 '이상한' 사람들로 치부했다. 특히 천재적인 업적을 이룬 자들의 결혼생활은 평탄치 않았고, 그들은 종종 정신질환이나 알코올중독 혹은 약물중독으로 아슬아슬한 삶을 살기도 한다. 사람들은 천재들은 만족스런 인간관계가 불가능하다고 여긴다. 그들의 천재성은 명성과 부를 가져다주지만 보통사람들이 즐기는 행복과는 어울리지 않는 이중성을 가지고 있다.

물론 사랑과 우정은 인생을 살 만하게 만드는 중요한 자산이다. 철학자 키케로는 인생에서 우정만큼 그 사람을 빛나게 하는 것은 없다고 말한다. 기원전 45년, 그는 환갑을 넘어 인생을 돌아보며 『우정에 관하여』라는 에세이에서 다음과 같이 이야기한다.

진정한 친구를 가진 사람은 적습니다.

진정한 친구가 될 만한 가치 있는 사람도 적습니다.

진정한 우정은 눈부십니다. 눈부신 모든 것들은 드뭅니다.

어리석은 사람들은 하루 종일 돈만 생각합니다.

친구를 생각하는 사람은 거의 없습니다.

그러나 그들은 인생을 잘못 사는 것입니다.

우리는 돈 없이도 잘 지낼 수 있습니다.

그러나 우정이 없다면 우리는 잘 견딜 수 없습니다.

그런 삶은 허무합니다.

현대인에게는 사랑과 우정만큼이나 중요한 또 다른 자산이 등장했다. 인간은 후손을 생산할 수 있는 나이를 훨씬 넘어서까지 생존하게 되었고, 그로 인해 인간관계만큼 '비인간관계'도 중요해졌다. 다른 사람과의 관계가 아니라 '자기-자신'과의 관계를 새롭게 정의하려는 노력이 필요하다. 자기-자신과의 관계를 새로 설정하려는 노력이 고독이며, 그 고독 가운데 자신을 위한 열정이 취미다.

'취미'는 '나'라는 존재를 비교적 정확하게 정의하는 그 무엇이다. 취미는 도시 안에 거주하면서 복잡한 인간관계 속에서 자신의 고유한 위치를 찾으려는 독보적인 놀이다. 나의 직업은 생계를 보장하고 타인과의 관계를 유지해주는 중요한 수단이다. 직업은 공동체가 원하는 삶에 대한 순응과 충성이 미덕이며, 이 미덕은 종종 개성보다는 체면 지키기와 통일성을 요구한다.

그러나 취미는 다르다. 내가 나를 위해 정기적으로 시간과 정성을 바쳐 즐기는 창조적인 행위다. 내가 자발적으로 자주 떠올리는 생각과 자주 하는 말, 무의식적으로 좋아해서 자주 하는 행위들이 나의 취미다. 취미는 가지각색이다. 취미는 자신의 환경에서 자연스럽게 드러나기도 하고 자신이 의도적으로 선택하기도 하는 그 사람의 정체성이다.

누가 나에게 "당신은 누구입니까?"라고 묻는다면 나는 뭐라고 대답할까? 나는 내가 자주 하는 그것, 취미라고 서슴지 않고 대답할 것이다. 다른 사람의 강요도, 방해도 받지 않고 나 스스로 선택한 그 일이 나를 정의하기 때문이다.

취미는 주관적이다. 이성적인 영역이 아니라 감성적인 영역에서 활동하기에 모든 사람들이 동의하는 객관적인 아름다움은 존재하지 않는다. 인간은 배움이라는 훈련을 통해 자신이 판단하는 미의 기준을 전복시킬 수도 있고 강화할 수도 있다. 이 배움이 바로 취미다.

당신은 오늘 하루를 어떻게 보내고 있는가? 당신은 어떤 취미생활로 당신 삶의 정체성과 철학을 만들어가고 있는가?

누군가가 당신에게

"당신은 누구입니까?"라고 묻는다면

뭐라고 대답할 것인가.

무엇으로 나를 정의할 것인가.

자신에게 엄격한 사람은 타인에게 친절합니다.

배철현

검역
檢疫

자신에게 엄격한 삶

누구나 현 단계에 안주하지 않고 다음 단계로 진입하기 위해서는 반드시 통과해야 할 장소가 있다. 우리는 그 장소를 경계, 문지방 혹은 현관과 같은 용어로 표현한다. 이 문지방은 이전 단계와 구분하기 위해 도드라져 있는 구조물이다. 통과하려는 자가 아무런 생각 없이 넘어가기를 시도한다면 이 문지방에 발이 걸려 넘어질 것이다.

이 문지방은 이쪽과 저쪽을 구분하는 터부의 공간이자 '현관(玄關)'이다. 현관은 원래 불교 사찰에서 세속의 공간인 사바세계와 천상의 공간인 극락세계를 구별하기 위해 만든 상징적인 구조물이다. 이곳에는 무기를 든 무시무시한 모습의 사천왕들이 경내로 진입하려는 사람들을 지켜보고 있다.
이 공간은 바깥도 아니고 안도 아닌 '가물가물한[玄] 문의 빗장[關]'이다. 구도자가 몸과 마음을 아직 정결하게 하지 않았다면 뒤돌아 사바세계로 돌아가야 한다.

이 현관에서 통과자를 지켜보는 괴물은 이쪽저쪽, 위아래

어디에도 속하지 않기 때문에 하이브리드로 등장한다. 그 대표적인 괴물이 스핑크스다. 이집트 고대도시 기자에는 죽음과 영생의 공간인 피라미드의 입구를 지키는 스핑크스가 있다.

통과 의례의 장소가 문지방 혹은 문지방처럼 괴물이 출몰하는 사막이라면, 통과 의례의 기간은 '40일'이다. 유대인들에게 '40'이라는 숫자는 특별하다. 40일은 곧 변화의 기간이다.

기원전 12세기 중동 지방에 문명과 문화의 메카가 있었다. 그 당시 파라오 람세스가 치리하는 동안 이집트는 오늘날의 미국과 같았고, 이집트 도시 '비돔'과 '람세스'는 뉴욕과 같은 도시였다. 배불리 먹는 것이 행복이라고 착각하는 '온갖 잡족들'이 일자리를 찾아 이곳으로 모여들었고, 인구는 점점 팽창했다. 그들은 육체의 쾌락을 최고의 가치로 여기는 유물론자들이었다.

그런 삶이 정말 최선인지 숙고하는 사람들이 있었다. 이들은 도시 문명의 삶을 등지고 자발적으로 무시무시한 경계의 공간인 '광야(廣野)'로 진입한다. 이들은 광야에서 40년이라는 기간을 보낸다. 고대인들에게 40년은 한 세대가 사라지고 다음 세대가 등장하는 전복적인 체제 변화의 시간이다.

광야는 태곳적부터 낮에는 작열하는 태양이 보내는 열풍이 불고, 저녁에는 달이 보내는 한풍이 불어 모든 것이 평평하게 펼쳐진 공간이다. 광야를 의미하는 히브리어 '미드바르(midbar)'는 '바람에 의해 굳게 다져진 공간'이라는 뜻이다. 광야에는 인간을 유혹하는 것이 없다. 온전히 자신에게 집중할 수 있는 최적의 공간이다. 이 '잡족'들은 이 기간을 통해 '선택받은 민족'으로 다시 태어난다.

성서는 이런 과감한 시도를 한 사람들을 '히브리인들'이라 불렀다. '히브리'는 원래 사회학적 용어로 '임시 외국인 노동자' 혹은 '나그네' 정도로 번역할 수 있다. 오늘날 우리 사회에 들어와 궂은일을 마다하지 않는 외국인 노동자들이 곧 히브리다. 이들은 스스로 자기가 속한 혈연 공동체를 떠나 경제적 자유를 찾아 이러저리 떠도는 사람들이다.

'히브리'라는 단어의 어근인 히브리어 동사 '아바르(abar)'는 '자신이 안전하게 거주하던 고향을 떠나 광대한 지역이나 강을 건너 다른 지역으로 진입하다'라는 뜻이다.

고대 근동 사회에서 도시는 강 주변이나 강줄기를 새로 만든 수로 근처에 건설했다. 대부분이 사막이기 때문에 한 도시에서 다른 도시로 이동하기 위해서는 끝없이 펼쳐진 사막이나 강을 건너야 했다. 고대 사회에서 자신의 고향이나 도시를 떠나는 일은 곧 죽음이었다. 고대 바빌로니아의 함무라비 법전에 등장하는 극형이 성벽 밖으로 범죄자들을 내쫓는 행위인 것만 봐도 짐작할 만하다.

그래서 '히브리인'의 어원인 '아바르'라는 히브리어 동사는

'법을 위반하다'라는 의미도 가지고 있다. 사실은 '법을 위반하는 것'이 아니라, 육체적 욕망의 노예로 살기보다는 자신을 자신답게 만드는 자유를 찾아 자신에게 익숙한 고향을 떠나 알 수 없는 미지의 세계로 여행을 떠나는 행위다.

40이라는 숫자는 모세가 시내 산에서 십계명을 받을 때도 등장한다. 모세는 40일 동안 두 번의 금식기도를 감행했다. 금식이란 인간 스스로가 자신의 기본적인 욕망인 식탐을 억제할 수 있는지 가만히 바라보려는 훈련이다. 더 나아가 자신이 필요 이상으로 먹음으로 인해 굶고 있는 동료들에 대한 연민을 키우는 교육이다.

모세는 시내 산에서 십계명을 받았다. 십계명은 모두 '하지 말라'라는 금지로 이루어져 있다. 행복은 자신이 굳이 하지 않아도 되는 생각과 말 혹은 행위를 절제할 때 등장한다. 모세가 십계명의 중요성을 깨닫기까지는 40일이 걸렸다. 그는 금식을 통해 열 가지 금지 목록을 가지고 하산한다.

사람들은 아직도 금송아지를 숭배하고 있었다. 그들은 40년간 광야에서 쌓아온 훈련의 원래 목적을 잊었다. 그들에게 이런 훈련은 더 많은 재화를 얻기 위한 욕망이었다. 모세는 화가 나 십계명이 새겨진 석판을 부순 뒤 다시 산으로 올라가 40일을 지낸다. 40일은 자신의 마음속 깊은 곳에서 흘러나오는 침묵의 소리, 양심의 소리를 경청하기까지 걸리는 시간이다.

고대 이스라엘의 예언자 엘리야는 그를 살해하려는 북이스라엘의 아합왕과 여왕 이세벨로부터 도망쳐 광야로 간다. 그는 그 사막 한가운데에 모세가 십계명을 깨달아 받았다는 시내 산 동굴로 들어가 40일 동안 기도한다.

당시 사람들은(아직도 그런 사람이 많다) 신이 천둥이나 번개, 지진과 같은 자연현상에 존재한다고 믿었다. 하지만 이제 신은 자신이 그런 자연현상에 있지 않고 인간의 마음속에 있다는 사실을 가르쳐줄 참이었다.

엘리야는 40일 동안 한 동굴에 거주했다. 신은 자신의 모습을 새로운 방식으로 드러냈다. 신은 어디도 아닌 '섬세한 침묵의 소리'에 있었다.

'침묵의 소리'라는 히브리어는 '콜 더마마 다까'다. '섬세한'이라는 의미를 지닌 형용사 '다까(daqqa)'는 자신에게 온전히 몰입하는 '섬세한 상태'를 말한다. 이 상태를 수련한 자는 남들이 들을 수 없는 형용 모순인 '침묵의 소리'를 들을 수 있다. 신은 건물에 있지 않고 인간의 심연에 존재한다. 그것은 원효가 깨달았다는 일체유심조(一切唯心造) 사상과 같다.

목수로 생계를 유지하던 청년 예수는 문지방의 상징인 광야와 40일을 통해 인류의 구원자가 됐다. 그는 광야에서 회개운동을 벌이던 세례 요한을 찾아가 세례를 받는다. 세례란 과거의 자신을 버리고 새로운 자신으로 살아가겠다는 통과의례다.

지중해 지역에서 물은 혼돈을 상징한다. 침례는 바로 혼돈을 상징하는 물속으로 입수했다가 질서를 상징하는 바깥으로 나오는 의례다. 예수는 이 경험을 통해 하늘에서 들려오는 '침묵의 소리'를 들을 만큼 영적으로 승화된 상태였다.

복음서 기록에 의하면 예수는 이른바 '성령'에 이끌려 광야로 가서 40일을 지낸다. 그는 금식을 통해 자신을 바라보는 수련을 감행했다. 그는 광야에서의 40일 수련을 통해 재물에 대한 욕망과 권력에 대한 욕심, 그리고 명예에 대한 허영을 절제하는 방법을 터득했다.

그는 이제 어둠 속에서 헤매는 인류에게 '사랑'이라는 빛을 선물하기로 작정하고 스스로 빛이 되기로 결심한다. 그는 그 빛으로 자신을 소멸시키고, 주위 사람들에게 버려야 할 단점과 부추겨야 할 장점을 직시할 수 있는 밝음을 주는 삶을 살 것이다.

중세 이탈리아 베네치아 공화국에서 40일은 중요한 상징이었다. 1453년, 동로마 제국이 멸망하자 베네치아는 르네상스의 주역이 됐다. 베네치아인들은 중국, 인도, 중동 그리고 아프리카에서 수입한 진귀한 수입품을 이탈리아와 유럽 전역에 수출하면서 엄청난 부를 축적했다. 문제는 해상무역을 통해 오는 사람들과 물품 속에 함께 묻어 올 전염병이었다. 그들은 이웃 도시 제노바가 흑사병으로 거의 전멸 위기에 빠졌다는 사실을 알고 특단의 조치를 취한다. 그들은 물품을 실은 배가 베네치아 항구에 바로 입항하는 것을 불허했다.

오늘날처럼 바이러스를 측정할 수 있는 의학 기술이 부재한 상태에서 그들이 취할 수 있는 최선은 그 선박을 공해에서 40일간 머물게 하는 조치였다. 영어 표현 'at bay'는 '만(灣)에 머물게 하다'라는 의미도 있지만 '움직이지 못하게 만들다'라는 뜻도 있다.

그들은 처음에는 배를 항구 근처 만에 30일 동안 머물게 했다. 그러다 성서에 등장하는 '40일' 전통을 수용해 40일로 늘렸다. 그들은 이 조치를 취함으로써 다른 지역에서 온 선

원들이나 물품을 통해 전염병이 유입되는 것을 막았다. 그들은 이 조치를 '40일'이라는 뜻의 이탈리아어 '콰란티나 조르니(quarantina giorni)'라고 불렀다.

'40'을 의미하는 이탈리아어 'quarantina'에서 '검역'이라는 영어 'quarantine'이 유래했다. 콰란틴이란 전염병 확산을 막기 위해 유해한 동식물을 '격리'하는 조치다.

'40일'은 나 자신을 검역하는 기간이다. 새롭게 다시 태어나고 싶은 사람과 공동체 그리고 국가를 위한 절호의 기회다. 이 시간 동안 나를 심오하게 검사해 버릴 것은 버리고 취할 것은 취해야 한다.

만일 나를 과거의 나로, 구태의연한 나로 되돌리려는 전염병과 같은 습관이 있다면 그것은 소멸시켜야 한다. 이 기간은 나를 깊이 바라보는 관찰의 시간인 동시에 나를 소멸시키는 수련의 시간이다. 당신은 40일간 자신 스스로를 검역할 의지가 있는가?

신중은 용기보다 훌륭합니다.

세익스피어

신중
愼重

＿

허상으로부터의 탈출

하루의 마무리는

저녁이 아니라 아침에 완성된다.

내가

———— 아침을 어떻게 보내느냐에 따라

하루의 질이 결정된다.

아침이면 수면 상태에 들어갔던 나의 의식이 다시 돌아온다. 밤은 아침을 준비하는 시간이다.

〈창세기〉 1장에는 '하루'라는 시간을 표현하는 문구가 등장한다. 저자는 하루를 항상 "저녁이 된 후, 아침이 됐다. 첫째 날"이라고 기록했다. 하루의 마무리는 저녁이 아니라 아침에 완성된다. 내가 아침을 어떻게 보내느냐에 따라 하루의 질이 결정된다.

요즘처럼 속절없이 흐르는 시간이 야속하기도 하고 아쉽기도 한 적이 없다. 나 자신에게 무언가를 요구하지만 그것에 잘 부응하지 못하는 것 같아 늘 아쉽다. 그 아쉬움을 방치하면 소홀과 게으름이 나를 꼼짝달싹 못하게 붙들고 깊은 실의의 늪으로 데려간다.

영국 시인 새뮤얼 콜리지의 「실의에 대한 송가」라는 시가 있다. 그는 절친인 시인 윌리엄 워즈워스의 처제 새러 허친

슨을 사랑하게 되지만 자신의 사랑을 받아주지 않는 그녀에게 무한한 안타까움을 느껴 실의에 빠진다. 콜리지는 그 마음을 「실의에 대한 송가」라는 시에 담아 발표했다. 다음은 요즘의 내 심정이 그대로 담긴 그의 시구다.

이 은은하고 고요한 저녁 내내
나는 서편 하늘을 응시하고 있었다.
그 특이한 황록색 하늘을
나는 아직 응시하고 있다. 아 내 눈이 얼마나 공허하던지!
저 높이 있는 조각난 막대 모양의 긴 구름들이
별들이 나타나자 움직이기를 포기하는구나!

이른 아침, 하루의 일과를 신중하게 기획하지 않으면 그 하루는 대개 거품처럼 사라져버린다. 나는 각성을 위해 도반들과 함께 공부한 헨리 데이비드 소로의 『월든』을 다시 읽기 시작했다. 소로가 유일하게 반복해 쓴 문장이 있다. 그는 분명 콜리지의 「실의에 대한 송가」를 읽었으리라.

나는 콜리지처럼 '실의에 대한 송가'를 쓰라고 여러분에게 제안하지 않습니다. 오히려 이른 시간 자신의 홰에 올라선 수탉처럼 활기차게 뽐내라고 제안합니다. 그래야 이웃들이 잠에서 깨어납니다.

내가 시골로 이사를 온 이유는 저녁노을을 감상하기 위해서가 아니다. 시골은 감사하게도 내가 자연의 일부라는 사실을 매일 새롭게 알려준다. 산, 강 그리고 숲은 태곳적부터 이곳에 있었고, 나는 그 자연의 숨소리를 들으려 이곳으로 이주했다. 나는 자연을 관찰하고, 그 관찰을 통해 매일 조금씩 변화하는 나를 다시 관찰하는 사람이 됐다.

자연은 나에게 매일의 소중함을 상기시킨다. 내가 배운 지식은 사랑을 질식시키고, 내가 흠모하는 과학은 시를 분석해 재미없게 만들며, 내가 뽐내는 생각은 감정과 감성을 억누른다는 사실을 알게 됐다. 시골생활은 내가 어릴 적 지녔던 자연에 대한 순박한 환상이 실의나 절망이 아니라, 자연을 통해 자신을 조금씩 발견해가는 의미 있고 아름다운 삶을 위한 유일한 통로라는 사실을 알려준다.

자연은 이른 아침에 최선의 모습을 드러낸다. 아침은 하루라는 인생을 시작하기 위한 출발선이며 어제의 잠으로부터 나를 깨우는 시간이다. 저녁노을이 아닌 이른 아침은 보람된 하루를 결심하는 최적의 시간이다. 오늘 하루가 어제보다 거룩하다고 여기지 않는다면, 오늘은 어제와 같이 기억에서 벗어나 흘러가버리기 일쑤다.

아침이 오면 우리 대부분은 먹고살기 위해 일어나고, 소수의 인간들은 지적이며 정신적인 고양을 위해 잠에서 깨어난다. 그러나 극소수의 사람만이 하루를 영적인 시를 쓰기 위해 사용한다. 인간에게 주어진 가장 거룩한 예술은 하루를 감동적으로 조각하는 수고다. 그는 자신의 삶을, 그것을 구성하는 모든 순간의 하찮아 보이는 세부 항목까지 자신의 깊은 숙고를 통해 결정한다.

소로는 자신이 숲속으로 간 이유를 "신중하게 살기 위해서"라고 말한다. 신중은 나에게 삶의 핵심을 정면으로 질문하고 해결하도록 요구하기 때문이다. '신중한'이라는 영어 단어 'deliberate'는 '자유'라는 의미를 지닌 'liberate'라는 단어를 기반으로 만들어졌다.

신중만이 내게 쌓여 있는 허영과 허상으로부터 나를 탈출시키고, 내가 원하는 자유의 여신을 조금씩 보여준다. 신중은 행복한 삶의 열쇠이며, 인간의 자유를 보장하고 삶의 도전을 용감하게 응전하도록 독려한다. 삶은 영광스럽다. 그러기에 삶은 나의 전부를 요구한다. 나는 오늘 활기차게 나의 홰에 오를 것인가? 그때 나는 무엇을 외칠 것인가?

3부

명료
明瞭

말과
행동이
일치하는
순간

인간의 상상과 실현 사이에 공간이 있다.
그 공간을 건널 수 있는 건 간절한 마음이다.

칼릴 지브란

간절

懇切

━━

더 나은 나를 위한 염원

간절히 바라는 것이 있고, 그것이 실현되는 과정을 응시하는 사람은 행복하다. 우리가 행복에 이르지 못하는 이유는 간절히 바라는 것이 없기 때문이다. 간절이란 자신의 심장을 칼로 베어내어 주어도 아깝지 않을 정도로 압도적이고도 긴박한 마음이다.

간절히 바라는 것은 자신의 장점을 북돋우어 이루어야 할 일생의 과업이다. 그 과업은 자신의 생김새와 DNA처럼 자신만의 개성을 담보한 일이어야 한다. 우리는 흔히 사람들이 원하고 사회가 좋다고 하는 것을 맹목적으로 따르며 그것을 자신의 과업으로 삼는다. 그 과업은 내 안에서 비롯된 것이 아니기에 이내 열정이 시들어버린다.

간절은 어떤 어려움도 이겨낼 수 있는 인내를 선물한다. 인내는 자신도 모르게 그 일에 지속적으로 몰입하게 하고, 그 몰입은 또 다른 커다란 몰입으로 이어져 타인은 도저히 넘볼 수 없는 독보적인 개성을 취하게 된다.

우리는 독보적인 개성을 천재성이라고 부른다. 이 천재성은 모든 인간의 마음속에 숨겨져 있는 만인의 보편적인 영혼이며, 사람들은 그것을 소유한 사람에게 괜스레 끌린다. 그들은 그것을 목격하는 사람들의 잠재된 천재성을 일깨워 그들 자신도 그런 여정을 떠나도록 감동적으로 독려하기 때문이다.

일생 동안 간절하게 '메시아'의 도래를 보고 싶어 하는 사람이 있었다. 신약성서 〈마가복음〉 2장에 등장하는 시므온이라는 인물이다. 그는 "의롭고 경건한 사람(디카이오스 카이 율라베스)"이었다. '의롭고 경건하다'라는 표현은 위인을 지칭하는 전형적인 관용구로 구약성서에서는 아브라함과 욥을 지칭하는 형용사구다. 구약성서에서는 이들을 "정직하고 온전한 자"로 표현한다.

'정직'이란 남들과의 관계에서 떳떳한 사람이며, '온전'이란 거울에 비친 자신의 모습을 보고, 그런 자신이 흠모할 만할 때 사용하는 형용사다. 〈누가복음〉 저자가 사용한 그리스어 '디카이오스'는 '정직'에 해당하는 히브리어 '야샤르(yasar)'의 번역이고, '율라베스'는 '온전'에 해당하는 히브리어 '톰(tom)'에 미묘한 의미가 더해진 단어다.

유대인들은 나라를 잃은 기원전 6세기경부터 히브리어 구어를 사용하지 않고 대신 아람어를 사용했다. 그럼으로써 이전까지 존재하지 않던 새로운 의미의 단어들이 유대인의 삶에 중요하게 자리했다.

'하시드(hasid)'라는 형용사는 기원전 3세기부터 유대인의 영성에 중요한 단어로 등장한다. '하시드'는 '신의 은총'을 의미하는 히브리어 '헤세드(hesed)'의 형용사형으로 출발했지만, 그 안에 '열정적 신앙심'의 뜻이 가미되어 독특한 의미를 지니게 된다.

하시드는 자신의 삶 속에서 간절히 원하는 한 가지를 최선으로 선택해 그것을 삶의 최우선으로 받아들이고 준수하려는 마음가짐이다. 〈누가복음〉 저자는 히브리어 톰과 하시드를 융합해 그것에 적절한 단어를 찾았다. 그것이 바로 그리스어 율라베스다. 율라베스는 '자신이 선택한 최상의 것(유)를 자신의 심장처럼 수용하고 아끼려는(라베스) 마음'이다. 율라베스는 흔히 '조심스러운 / 사려 깊은 / 신을 경외하는'으로 번역된다.

마리아는 예수를 낳고 40일이 지난 뒤 남편과 함께 갓난아기 예수의 정결 의식을 치르기 위해 예루살렘으로 올라간다. 마침 그곳에 있던 시므온이 아기 예수를 목격한다. 시므온은 자신이 죽기 전에 메시아를 두 눈으로 보게 될 거라는 계시를 받은 자다. 시므온은 아기를 자신의 팔로 받아 다음과 같이 노래한다.

주님, 이제 주께서는 주의 말씀을 따라 이 종이 세상에서 평안히 떠나갈 수 있게 해주셨습니다.

내 눈이 주의 구원을 보았습니다.

주께서 이것을 모든 백성 앞에 마련하셨으니,

이것은 이방 사람들에게는 계시하는 빛이요, 주의 백성 이

스라엘에게는 영광입니다.

—〈누가복음〉 2:29-32

시므온의 이 고백은 중세 시대 자신이 일생 동안 간절히 원하는 것을 이루었을 때 부르는 찬양 시가 됐다. 그리스어로 기록된 신약성서를 라틴어로 번역한 〈불가타〉는 시므온의 노래를 '자, 당신께서 이제 놓아주십시오!'라는 의미의 라틴어 문구인 '눈크 디미티스(Nunc dimittis)'로 번역했다. 시므온의 노래는 4세기 이후 수사들의 저녁 기도문이 됐다. 그 기도문은 다음과 같다.

주님, 당신의 말씀에 따라 당신의 종을 평안 속으로 놓아주십시오. 왜냐하면 나의 눈이 당신의 구원을 보았기 때문입니다. 그 구원은 모든 사람들의 면전에 당신이 준비한 것입

니다. 이방인들에게 빛을 주고, 당신의 백성인 이스라엘의 영광을 위한 것입니다.

시므온은 자신의 염원을 두 눈으로 볼 수 있었다. 염원을 두 손으로 들어 눈으로 볼 수 있게 되자 그는 신에게 이제 자신의 영혼을 거두어달라고 기원한다.

나는 시므온처럼 신에게 내 영혼을 거두어달라고 할 만큼, 간절한 인생의 과업을 지니고 있는가? 나는 그 과업을 실행하고 있는가?

생성은 존재의 어머니다.

배철현

생성

生成

어제와 구별된 노력

하루는 흠모하는 자신을 만들기 위한 훈련이다. 훈련이란 새로운 습관의 취득으로, 과거의 나로 주저앉히는 게으름과 욕심에 대한 체계적인 공격이다. 프랑스 실존주의 철학자 사르트르는 1945년에 있었던 '실존주의는 휴머니즘이다'라는 강의에서 "존재는 본질에 앞선다"라고 주장했다.

그는 이전 철학과 종교가 이데아 혹은 신이라는 이름으로 자신들이 세상을 이해하기 위해 편의상 만든 '본질'에 매몰되었다고 진단했다. 본질이라는 허상보다는 자의식을 통해 지금 자신이 만들려고 시도하는 가치와 의미가 더 중요하다. 본질은 내 존재가 구축할 변화무쌍한 조형물이지 불변의 진리가 아니다.

사르트르의 문장에서 존재는 정적인 상태가 아니라, 인간의 체-지-덕의 활동을 통해 새롭게 생성해야 할 과업이다. 나는 내가 처한 환경을 자유롭게 변형시킬 수 있으며, 이 세상은 내가 선택한 자유의 정직한 거울일 뿐이다. 내 두 손에

쥔 자유라는 정과 망치를 발휘해 자신에게도 생경하고 감동적인 '나'를 조각하지 않는다면, 나는 '과거의 나'라는 환영이나 '타인이 보려는 나'로 전락하는 노예가 된다. 인간은 자유를 통해 자신의 운명을 조각한다.

나는 사르트르의 말을 이렇게 바꾸고 싶다. "생성은 존재보다 앞선다." 존재라는 단어가 주는 정적이며 수동적인 어조를 극복하기 위해서는 생성이라는 단어가 필요하다. 영어로 말하자면 'to be'가 아니라 'to become'이다. '존재(be)'에서 그치지 않고 새로운 존재를 창조하기 위해 그것에 '근접하는(come)' 시도다.

생성은 그 단어를 사용하는 사람에게 여러 가지를 요구한다. 존재는 현재 자신의 상태를 지칭하지만, 생성은 미래의 자신을 전제해 현재 내가 가하고 있는 작업을 의식하게 만든다. 예를 들어 '나는 학자다'와 '나는 학자가 된다'는 전혀 다른 문장이다. 전자는 자신이 이미 학자라는 완벽한 모습을 구가해 더 이상 바랄 게 없는 최적의 상태를 의미한다. 그런 의미에서 이 문장은 건방지다. 그러나 '나는 학자가 된다'라는 말에는 학자라는 끝이 보이지 않는 이데아를 추구하기 위한 겸손과 희망, 열정 등이 담겨 있다.

파탄잘리의 『요가수트라』 제1장 '삼매'가 요가 수련을 위한 마음가짐을 설명했다면, 제2장 '훈련'은 요가 수련을 본격적으로 수행하기 위한 교본이다. 파탄잘리는 이 책의 2장 1행에서 요가 수련자가 삼매에 도달하기 위한 과정을 세 가지 훈련으로 소개한다.

첫째, 자신에게 엄격한 삶
둘째, 자발적인 공부
셋째, 자신이 정한 신에 대한 헌신

이 세 가지는 수련자가 매일 반복해야 할 긍정적이며 역동적인 가치들이다. 이 세 가지를 통해 수련자는 온전한 자신과 조우하는 삼매경으로 진입할 수 있다. 그는 삼매경으로 진입하지 못하도록 유혹하는 방해물들을 제거해야 한다.

그리스도교는 신자가 신을 만나기 위한 믿음과 행위로부터 벗어나게 하는 유혹을 '죄'라고 말한다. 그리스도교에서 말하는 죄의 근본적인 의미는 '길을 잃고 헤매다' 혹은 '자신에게 어울리는 최적의 길이 있다는 사실을 믿지 않다'라는 뜻이다. 고대 히브리어 '하타(hata)'와 그리스어 '하마르티아(hamartia)' 모두 '실수/잘못/죄'로 '자신이 가야 할 길로부터 이탈해 헤매다'라는 뜻이다.

로마 시대 신학자 아우구스티누스는 인간은 태생적으로 죄를 지니고 태어났다는 '원죄' 개념을 창안했다. 그는 인류 죄의 기원을 〈창세기〉에 등장하는 에덴동산과 선악과 이야기에서 찾았다. 인류의 조상 아담은 의도적으로 신에게 반항했다. 그런 점에서 그리스도교의 죄는 능동적이며 적극적이다.

인간은 ——————————

자 유 를　　통 해
자 신 의　　운 명 을

—————— 조각할 수 있다.

요가 수련자를 방해하는 죄는 그리스도교의 죄와 다르다. 그리스도교의 죄는 절대 타자인 신에 대한 불순종이며 반항이지만, 힌두교의 죄는 개인의 심연에 존재하는 진정한 자아인 '아트만(Atman)'을 발견하고 발휘하지 못할 때 생기는 무지다.

고대 인도인들은 신을 '이슈바라'라고 불렀다. 요가 수련자는 자신이 이슈바라가 되도록 수련하고, 자신의 몸과 정신 그리고 영혼을 신적인 요소들로 차근차근 대치한다. 생성은 자기실현을 위한 과정이며, 자신을 극복하고 새로운 자신이 되는 과정이 곧 삼매경이다.

우리 대부분은 타인과의 경쟁을 통해 획득하는 부와 지위를 위해 일생을 바친다. 그러나 요가 수련자는 누구나 노력을 통해 생성이 가능한 의미 있고 가치 있는 삶을 위해 자기 자신과 경쟁한다. 그에게는 자신의 내적 성장이 사회가 부여하고 사람들이 열광하는 지위, 부, 인기보다 중요하다.

파탄잘리는 『요가수트라』 제2장 '훈련' 2행에서 요가의 목적을 다음과 같이 말한다.

요가 훈련의 목적은 자신의 심오한 내면에 몰입하는 '삼매경'을 생성하는 것이며, 동시에 외부에 흘려 마음속에 생기는 번뇌들을 약화시키는 것이다.

파탄잘리는 삼매경의 상태를 자신의 마음속에 생성하는 것이 요가 수련의 목적이라고 주장한다. '생성'이라는 의미의 산스크리트어 '바바나(bhavana)'는 '되다'라는 동사에서 파생된 명사로 '생성(生成) / 도야(陶冶)'라는 뜻이다. 바바나는 본질이 아니다. 바바나는 나의 행위를 통해 내가 매일 만들어야 하는 인격 도야이며 인격 생성이다.

바바나는 봄에 씨를 뿌리는 농부의 심정이다. 농부는 그 씨가 싹을 틔우고 가지를 내고 열매를 맺도록 항상 돌봐야 한다. 그는 때때로 생기는 병충해를 제거해 열매를 맺는 데 영향을 끼치지 못하도록 조치한다. 그 자신이 삼매경으로 진입하려 노력하면, 자연히 그의 마음속에 생기는 잡념들은 힘을 잃고 사라질 것이다. 나는 하루하루를 생성을 위해 구별하여 정진하고 있는가?

만일 당신이 어떤 것을 위해

모든 것을 희생한다면,

그것을 얻을 것입니다.

제임스 매튜 배리

희생
犧牲

거룩한 나를 찾는 연습

아침부터 눈이 내리기 시작한다. 매일 걷는 산책길 풍광은 언제나 새롭고 충격적이다. '새롭다'는 의미는 과거의 모습을 버리고 변화하고 있다는 뜻이며, '충격적'이라는 의미는 내가 상상하고 기대한 모습과 전혀 달라 나를 당황시키고 겸손하게 만든다는 뜻이다. 자연은 언제나 나에게 오늘 새롭게 태어나라고 요구한다.

산책 길에서 바라본 풍광은 셋으로 구분된다. 첫째는 나의 오감을 자극하는 근경(近景)이다. 서리로 얼어붙은 숲길을 걷노라면 바삭거리는 낙엽 소리와 딱따구리의 집짓는 소리가 귀를 즐겁게 하고, 코로 들이마시는 차가운 공기는 나의 기운을 북돋아주며, 다양한 모습으로 몸을 비틀며 빽빽이 들어선 소나무와 잣나무는 나의 눈에 숭고한 사치를 선물한다. 근경은 오감의 자극을 통해 쾌락을 선물한다.

둘째는 중경(中景)이다. 숲속에서 바라본 북한강 건너편의 병풍처럼 둘러싸인 야산은 중경이다. 이 중경이 주는 기쁨을 맛보기 위해서는 얼어붙기 시작한 북한강을 건너 아무도 들어간 적 없는 저 산에 발을 디뎌야 한다. 강을 건너다 견고하게 얼지 않은 강 바닥이 무너져 수장될 수도 있다. 중경을 즐기기 위해서는 만반의 준비가 필요하다.

셋째는 원경(遠景)이다. 머리를 들어 저 멀리 바라보면 아른거리며 보이는 산들이 있다. 산들이 중첩되어 그 안에서 근경, 중경, 다시 원경으로 구분된다. 원경이 품은 산 위에는 구름이 있고, 구름 사이로 잠시 태양이 보인다. 저 멀리 보이는 산, 바로 그곳으로 가기 위해서는 오늘 나의 모든 일정을 포기하고 온전히 등산에 집중해야 한다.

덴마크의 철학자이자 신학자 키르케고르는 가치 있는 삶을 추구하는 인간을 셋으로 구분한다. 미적 인간, 윤리적 인간 그리고 종교적 인간이다. 그는 30세 되던 해인 1843년에 자신의 저서 『이것이냐 저것이냐』에서 인간이 추구해야 할 인생의 가치를 근경과 중경 그리고 원경을 통해 탐색했다.

탐미적인

인간은

아름다움을

추구하지만

정작

자신을

아름답게

만들지 못한다.

이 책에서 그는 근경적 삶의 모습인 미적 인간과 중경적 삶의 모습인 윤리적 인간을 비교했다. 키르케고르가 추구하는 삶은 미적인 삶이나 윤리적인 삶이 아니다. 그는 이 두 가지 삶을 발판으로 그다음 세계인 '종교적 인간'이 되기 위해 도약을 시도했다.

미적 인간의 목표는 탐미를 통한 자기-쾌락이다. 그에게는 육체적이고 정신적이며 영적인 쾌락과 만족, 그리고 그 만족 속에 안주하고 싶은 탐닉이 인생의 목표다. 미적 인간은 자신을 탐닉하게 해줄 새로운 대상을 찾기 위해 끝없이 배회하는 철새다.

그는 자신을 고상하게 만들어 삶을 승격시켜준다고 설교하는 철학자의 말에 감탄하고, 위대한 예술가들이 남긴 그림이나 조각품을 감상하거나 구입해 자신이 그 예술가인 양 착각한다.

혹은 예술가, 철학자, 문필가들이 태어난 그들의 고향까지 찾아가 그들의 삶에 감탄한다. 탐미적인 인간은 아름다움을 추구하지만 정작 자신을 아름답게 만들지 못한다. 체화되지 않은 지식은 표리부동하고 얄팍하다.

윤리적 인간은 인생의 행복을 자신만이 아닌 타인과의 공동체적 삶 속에서 찾고자 자기탈출을 시도한다. 자신이 행복할 뿐만 아니라 자신이 행복한 만큼 자신에게 가까운 식구, 친지 그리고 친구, 더 나아가 같은 동네에 거주하는 주민의 안녕을 인생의 중요한 임무로 여긴다.

윤리적 인간이나 도덕적 인간은 자기-중심적인 이기심에서 탈출하려는 무아를 연습하기 위해 자신에게 쌓여 있는 이기심이라는 적폐 제거를 삶의 최우선 과제로 삼는다. 자기-중심에서 탈출해 우리-중심, 더 나아가 타인/생명-중심으로의 삶의 전환은 일시적인 노력을 통해 이루어지는 것이 아니라, 부단한 노력들이 자신의 본성과 떨어질 수 없는 거룩한 습관이 될 때 비로소 가능하다.

윤리적 인간은 언제나 구별되고 그 자체로 향기와 빛을 내는 인간이다. 미적 인간이나 윤리적 인간은 너무도 인간적인 몸부림이다. 그런 인간이 극복할 수 있는 다음 단계의 삶은 종교적 삶이다.

종교적 인간은 미적 인간도 아니고 윤리적 인간도 아니다. 종교적 부정은 그 대상에 대한 부정이라기보다 극복이며 초월이다. 여기에서 종교란 특정 종교에 대한 신앙이 아니다. 인간을 신적인 존재로 이끌어주는 통로로서의 체계다.

새는 알에서 지낸 시간에 대한 추억이 없다. 인간은 자신에게 온전한 인간으로서의 기반을 마련해준 어머니의 뱃속에서 보낸 10개월을 모른다.

종교적 인간은 자기-초월을 추구해 본래 자신의 모습을 회복하는 인간이다. 인간이 탐미적이며 정신적인 쾌락과 보람으로부터 도약하기 위해서는 자신에게 가장 소중한 것을 기꺼이 포기해야 한다. 이 포기가 희생이다. 자신의 생명을 헌신할 만큼 거룩한 가치를 자신의 삶을 통해 창조하려는 용기다.

이 '용기'에 해당하는 종교적 용어를 빌리자면 '순교(殉敎)'다. 희생을 의미하는 영어 'sacrifice'는 '거룩한 물건이나 가치'를 의미하는 '사케르(sacer-)'와 '만들다'를 의미하는 라틴어 동사 '파키오(facere)'의 합성어다. '거룩'이란 인간을 도약하게 할 최고의 가치와 계약을 맺는 행위다.

인간은 과연 자신의 삶을 온전히 헌신할 수 있는가? 그 절대적인 것은 몸이나 정신으로는 경험할 수 없고 이해할 수도 없는 어떤 것이며, 애매하고 신비로 가득 차 있다. 그것은 키르케고르의 표현처럼 "객관적인 불확실"이다. 분명히 존재하지만 확인할 수 없는 그것이다. 객관적인 불확실은 위험하고 불안하며 근심을 자아낸다. 루돌프 오토의 말처럼 신비하고 전율을 자아내며 매력적이다.

희생은 나로 하여금 그럴 수밖에 없도록 나의 삶을 장악하고 인도한다. 순간을 사는 인간이 자신의 모든 것을 헌신할 수 있는 그 무엇을 찾을 때, 비로소 온전한 개인이 된다. 그는 자신이 되어야만 할 그 인물로 살기 시작한다. 자신의 삶 전체를 희생할 만한 일을 찾은 사람은 행복하다.

제가 복종하는 유일한 독재자는
내면의 소리입니다.

마하트마 간디

내재
內在

은밀한 통찰

나는 새벽이 좋다. 엄밀히 말하면 새벽을 데려오는 태양의 신비에 환호한다. 저 멀리 산을 마주하는 방에 좌정하면 우주 저편에서 태양이라는 생명의 근원이 마당을, 북한강을, 그리고 산들을 서서히 밝힌다. 그 빛이 광대해 범위를 정할 수도 없고, 강력해서 감히 피할 수도 없다. 자신의 존재를 숨기고 있던 만물은 비로소 각자의 모습을 드러낸다.

〈창세기〉 1장 3절에 등장하는 신의 말 "빛이 있으라"가 우주 창조의 시작이 틀림없다. 빛은 우리가 알고 있는 우주의 시작이다. 빛이 없다면 그것은 아무것도 아니다. 암흑도 빛이 만들어낸 부가물이다. 빛이 없다면 그것은 무의미이며 무존재다. 『리그베다』에서 말하는 '있음'도 '없음'도 존재하지 않는 질서 이전의 어떤 것이다.

만물은 빛을 통해 개별적으로 그리고 독립적으로 존재한다. 그리고 빛을 통해 없음에서 있음으로 변모한다. 경전과 고전에 등장하는 창조 이전의 상태인 혼돈에 가장 잘 어울리는 이미지는 '암흑'이다. 암흑의 특징은 알 수 없음과 무분별이다. 만일 내가 한밤중에 산에서 길을 잃는다면, 암흑이 나를 덮쳐 공포와 절망을 가져다줄 것이다. 빛은 그 공포와 절망을 걷어주는 희망이다.

태양은 고맙게도 내가 기억하는 한 하루도 거르지 않고 자신이 보낸 생명의 빛줄기로 어둠을 몰아내왔다. 태양은 언제나 빛을 발하지만 우리가 사는 지구는 그 강렬한 밝음을 감당할 수 없어 자전하며 어둠 속에서 매일 밝음이 도래하기를 기다린다.

하루가 다르게 변모하는 자연은 언제나 신선하고 충격적이다. 아직도 겨울잠을 자고 있는 나의 영혼을 일깨운다. 태양은 강물에 자신을 투영하며 찬란하게 춤을 춘다. 태양이 그 강물을 바라보는 나를 찾아와 묻는다. "너는 이 봄에 새로운 싹을 틔울 수 있느냐?" 눈을 들어 눈부시게 나를 부르는 태양을 본다. 빽빽한 나무들도 아랑곳하지 않는다.

고대인은 자신들이 이해할 수 없는 천체, 특히 인간에게 지대한 영향을 끼치는 태양이 지닌 활력을 '절대자' 혹은 '신'이라 불렀다.

스피노자는 신의 존재를 물질에서 찾으려는 유물론자였다. 그에 의하면 만물은 신으로부터 나오는 어떤 것의 변형이거나 특성이다. 스피노자는 『윤리학』이라는 책에서 무한하고 자기-생산적이며 영원한 절대적인 하나의 '실체'가 존재한다고 주장한다.

실체는 그것 자체로 자생의 존재이며, 그것의 설명을 위해 다른 개념을 요구하지 않는다. 그 성격은 모세에게 계시한 신명 "나는 나다"라는 문장에서 간명하게 드러난다. 그 실체의 일부는 진, 선, 미와 같은 추상적 개념으로 표현되는 '속성'과, 그 속성의 물질적 표현으로 우리가 오감으로 확인할 수 있는 '양태(樣態)'로 구분된다. 스피노자는 실체가 속성과 양태로 전환되기 위해 필요한 연결고리를 '연장(延長)'이라는 용어를 사용해 해석했다.

스피노자는 실체를 "신 혹은 자연(Deus sive Natura)"이라는 라틴어 문구를 사용해 설명한다. 이 문장은 동료 유대인들에게 신과 자연 혹은 세상을 동일한 개념으로 사용한 것으로 오해되어 그는 유대 공동체에서 무신론자로 낙인찍혔다.

이 문구는 신과 자연이 상호 배타적이거나 선택의 문제가 아니라, 신의 속성이 무한한 자연의 양태를 통해 표현된다는 의미다. 여기에서 '자연'은 신의 실체를 수동적으로 담는 정적인 자연이 아니라, 신의 속성을 능동적으로 표현하는 역동적인 기운이다.

학자들은 스피노자의 신관을 '범신론(汎神論)'이라 불렀다. 신과 자연을 구분하지 않고 신은 자연이고 자연이 신이라는 사상이다. 범신론은 계몽주의 시대에 유행했던 '일신론(一神論)', 즉 '이신론(理神論)'과 구분해 만들어진 용어다.

이신론은 신의 존재를 인정하나 그 신은 인간 세상이나 자연에 개입하지 않는다. 이신론에는 기적이나 계시가 존재하지 않으며, 신의 흔적을 담고 있는 개별 존재를 인정하지 않는다.

독일 철학자 카를 크라우제는 스피노자의 범신론과는 구별되는 '내재신론(內在神論)'이라는 개념을 통해 세계를 이해하려고 시도했다. 내재신론에서 자연은 신이 아니다. 신의 일부가 자연 안에서 개별적인 형태로 존재하나 신은 자연을 초월하는 존재다. 내재신론은 인도 경전 『바가바드기타』에 등장하는 크리슈나의 선언을 통해 다음과 같이 매우 간결하게 드러난다.

나를 통해 모든 우주의 양태는 나의 숨겨진 양태들의 모습으로 널리 퍼져 있다. 모든 생물은 내 안에 존재한다. 그러나 나는 그 안에 존재하지 않는다.

—『바가바드기타』 IX.4

범신론이 신의 존재에 대한 인간의 착각이자 과장된 확신이라면, 내재신론은 신을 파악하려는 인간의 노력이자 인간의 겸손한 고백이다. 신의 흔적, 우주의 원칙, 삶의 문법은 인간의 삶에서 저절로 드러나는 것이 아니라, 인간의 노력으로 발견되고 발굴되는 것이다.

오늘 아침 저 먼 곳에서 찾아온 빛줄기는 우리에게 무엇을 요구하는가? 우리는 그 빛줄기를 통해 우리 마음속에 숨겨진 거룩한 씨앗이 싹을 틔우도록 허용하는가?

당신이 진실로 사랑하는 것이

이끄는 대로 조용히 가십시오.

그것이 길을 잃지 않게 해줄 것입니다.

잘랄 앗딘 루미, 13세기 페르시아 수피 시인

안내

案內

━━━

인생이라는 베이스캠프

인도 경전들은 영적인 산 에베레스트 정상에서 깨달은 삶에 대한 깊은 성찰을 담고 있다. 이 경전들은 "여러분, 이 찬란한 광경을 보십시오. 당신도 보고 싶지 않으십니까? 당신도 여기에 저와 함께 서 있으면 좋겠습니다"라고 외친다.

요즘 나를 고양시키고 영혼을 일깨우는 인도 경전들이 있다. 『우파니샤드』『바가바드기타』 그리고 『담마파다』다. 이 경전들은 인생에 있어서 오감의 경험을 넘어서는 광대한 세계가 있다는 사실을 알려준다.

『우파니샤드』는 고대 음유 시인들이 구전으로 노래한 경구들이다. 『우파니샤드』는 고대 인도 현인들의 노래인 『리그베다』의 마지막 부분에 실렸다. 현인들은 자신들이 정교한 의례를 통해 찬양하고 노래한 그 궁극적인 대상이 무엇인지 알릴 필요를 느꼈을 것이다. 그래서 끝 부분에 『우파니샤드』를 실었다.

『우파니샤드』는 우리가 살고 있는 가시적인 세상에서 다양한 시각으로 나의 존재를 설명해준다. 인생의 모든 질문에 대해 한마디로 대답한다. "당신은 당신이 그렇게도 애타게 찾는 그것입니다." 이 깨달음은 모세가 신에게 이름을 물었을 때 신이 대답한 "나는 나다"와 같은 대답이다. 자아, 브라만, 의식, 깨달음, 사랑 등 위대한 종교 전통에서 계시된 신은 '그것'이었다.

그것은 우리의 정신을 미몽하게 만드는 세계로부터 우리를 일깨우는 총성이다. 이 몸뚱이와 똑똑함이 전부라고만 알던 인류에게 몸과 정신을 넘어선 초월적인 세계가 존재한다는 사실을 알려주고, 그 초월적인 영혼이 바로 '나'라는 사실을 넌지시 일깨운다. 그 깨달음은 '나'라는 에베레스트 산을 등반하기 시작하면 조금씩 알게 되고 선명해지는 지혜다.

고대 현자들은 현대 과학자들처럼 우리가 경험한 세계를 이해하기 위해 부단히 노력했다. 고대 그리스인들은 현미경 없이도 만물이 더 이상 나눌 수 없는 원자로 구성되어 있다는 사실을 깨달았다. 그들은 시간과 공간 그리고 인과관계가 인간의 뇌가 만들어낸 허상이라는 사실을 알게 되었다. 또한 다양한 용어들을 빌려 양적인 시간과 질적인 시간, 상상 속의 공간과 물질적인 공간, 인과관계를 초월하는 신비를 기술했다. 근대 철학자 버클리, 칸트, 쇼펜하우어도 이성으로는 감지할 수 없는 초월의 세계를 탐구했다.

『우파니샤드』는 그 내용이 너무 다양해 이 경전을 편집한 자들이 편집 원칙을 가지고 있었는지 의심할 수밖에 없다. 이 글들은 그것들이 기초한 그 이전의 원전들이나 이야기의 배경과는 상관없이 마치 수많은 사진과 편지들을 순서 없이 나열한 것처럼 보인다.

『우파니샤드』의 무순서와 무질서는 고대 현자들이 에베레스트 산 정상에서 환희에 차 노래한 일종의 스냅사진이며, 정상에 오르고자 시도한 자들만이 감지할 수 있는 외침이다. "오, 저 글은 남쪽에서 본 에베레스트 산이며, 늦은 봄의 풍광이다!"

『담마파다』는 붓다의 어록인데 한자로 '법구경(法句經)'으로 번역됐다. 소승불교의 『팔리(산스크리트어) 경전』 중 붓다의 가르침을 담은 〈경장(sutta pitaka)〉의 마지막 부분인 '쿳다까 니까야(Khuddaka Nikaya)'에 실려 있다.

『담마파다』는 주제가 아니라 일상에서 발견되는 상징들, 예를 들어 꽃, 새, 강, 하늘과 같은 은유를 중심으로 기술되어 있다. 『우파니샤드』가 스냅사진이라면, 『담마파다』는 진귀한 동식물과 자연을 설명해주는 백과사전이다. 여기에 담긴 350개의 이야기는 복음서에 등장하는 산상수훈처럼 신비한 나라에서 발견되는 물건들을 친절하게 설명한다.

붓다가 우리를 그리로 데려갈 수는 없지만 그런 경지가 어떤지는 설명할 수 있다. 어떤 길을 취해야 하는지, 잘못된 길을 피하는 방법은 무엇인지, 그리고 우회하고 회피해야 하는 것은 무엇인지를 구체적인 예시를 들어 설명한다.

『우파니샤드』는 일종의 지도이자 안내서다. 인생이라는 거대한 산을 보여주고, 그 정상으로 가는 다양한 길을 제시해준다. 정상으로 올라가기 위한 최소한의 장비는 무엇인지, 구도자에게 개인별 맞춤형으로 조언해준다.

『우파니샤드』는 정상에 오르고자 결심한 우리에게 질문을 던진다. 그 질문은 깊은 사고를 필요로 하는 철학적 질문이나 신비한 경험을 해야 대답할 수 있는 질문이 아니다. 그것은 내가 살고 있는 이 사회에서 가장 효율적으로 삶을 영위하는 방법을 유도하는 실용적인 질문이다.

마하트마 간디는 인생을 살면서 의심과 실망이 자신을 엄습해 희망이 보이지 않을 때 『바가바드기타』를 읽었다. 그러면 그의 눈가에는 말할 수 없는 슬픔에도 불구하고 저절로 기쁨의 눈물이 고였다.

우리가 살고 있는 세상은 베이스캠프다. 우리는 이곳에서 영원히 살 수 없다. 인간은 탐구하고 모험하고 자신이 가진 잠재력의 한계를 팽창시키려 시도할 때, 비로소 대중에서 개인으로, 범인에서 초인으로, 동물적 인간에서 신적 인간으로 승화한다.

간디는 이 세상의 모든 경전들이 재가 되고, 『우파니샤드』의 첫 책인 『이샤 우파니샤드』의 첫 구절이 인도인들의 기억 속에 남는다면 힌두교는 영원할 거라고 말했다. 간디가 염두에 둔 『이샤 우파니샤드』에 등장하는 첫 구절은 그의 인생 모토였다.

이 가변적인 세상에 존재하는 모든 것은 주님께서 품고 계신다. 절제를 통해 스스로를 지탱하라! 타인이 가진 부를 부러워하지 말라!

수면 위에 생긴 물방울은 이내 사라진다. 그것은 어디에서 왔고 어디로 가는가? 물방울은 물에서 왔다. 잔잔한 물이 물방울의 고향이며 물방울의 목적지다. 순간을 사는 인생은 이 물방울과 같다. 물은 우리가 돌아가야 할 그것이다. 물방울은 매일 나의 정신을 흔드는 것들에 의해 휘날린다.

세상은 언제나 변화하지만 그 가변적인 세상에서 변하지 않는 것은 무엇인가? 물방울에 물이 있는 것처럼 인간에게는 삶의 근원인 '자아'가 있다. 그것은 어려운 수학 문제를 푸는 공식과도 같다.

『이샤 우파니샤드』는 '그것'을 찾기 위해 한 가지를 주문한다. 간디의 일생 만트라(mantra)인 "절제를 통해 스스로를 지탱하라" 혹은 "절제만이 생존의 비밀이다"라는 말이다. 소유와 쾌락이 생존인데, 무소유와 절제를 권한다. 이 권고는 인생의 즐거움을 제거하라는 말이 아니라 인생이 가져다주는 환희를 즐기기 위한 예술과 솜씨에 관한 조언이다.

절제는 자신에게 반드시 필요한 몇 가지를 가려내는 지혜며, 그것만이 자신의 소유로 즐거워하는 마음이다. 자신이 소유한 것을 소중하게 여기고 즐기는 사람이 부자다. 내 소유가 아닌 다른 사람의 소유를 부러워하고 탐하는 욕심은 모든 불행의 시작이다. 그런 사람은 엄청난 재력가라 해도 가난뱅이다. 욕심과 이기심이 그를 가난하게 만든다.

절제가 나를 구걸하는 사람으로 만들지 않는다. 구걸하는 사람은 남의 소유를 탐하는 이기적인 사람이기 때문이다. 내 손으로 정직하게 벌어 그 노동의 대가를 즐기고, 타인이 가진 행운을 부러워하지 말라는 조언이다. 그 부러움은 시기를 낳고 시기가 악의가 되어 끔찍한 행위로 이어지기 때문이다.

나는 내가 소유한 것을 소중하게 생각하는가? 나는 스스로 지탱할 수 있는가? 이 안내서를 쥐고 저 높은 산을 등반하고 싶다.

저는 종종 제 자신을 그립니다.

제가 가장 잘 아는 사람이기 때문입니다.

프리다 칼로

자기문화

自己文化

개화를 기다리는 인내

몇몇 지인과 강원도 홍천에 위치한 한 야산에 올랐다. 곳곳에 화전민들이 개간하던 논밭이 보였다. 우리는 미끄러운 낙엽과 얼어붙은 땅으로부터 몸을 지탱하기 위해 막대기를 하나씩 들고, 가시덤불과 마른가지들을 이리저리 헤치며 정상을 향해 올랐다.

얼마 오르지 않아 가죽과 뒷다리만 앙상하게 남아 있는 고라니의 사체를 발견했다. 생각해보니 그곳은 야생동물의 터전인데, 우리가 잠시 불법으로 침입했다. 20미터는 족히 되어 보이는 전나무와 잣나무, 밤나무 그리고 소나무가 빽빽이 들어선 신비한 공간이다. 나무들은 앙상한 가지만 남긴 채 가파른 언덕에서 겨울바람을 머금고 신비한 소리를 냈다.

바람소리, 새소리와 함께 저 멀리서 미세한 소리가 들렸다. 귀를 기울여야 들리는 소리였다. 침묵으로 뒤덮인 소리라 내가 고요해야만 들리는 소리다. 그것은 미세한 물소리였다. 우리가 정상 근처에서 발견한 것은 샘물이 아니라 호수였다. 홍천강과 모곡유원지의 물은 이 호수를 머금은 겸손한 산이 조용히 흘려보낸 선물이다. 호숫가 위에는 1980년대까지 이곳에 터를 잡고 살던 화전민들의 삶의 흔적이 남아 있다. 아마도 천혜의 땅인 이 숲속에서 논밭을 가꾸고 야생식물들을 먹고 호수를 바라보며 삶을 노래했을 것이다.

지난 50년 동안 아무도 발을 들여놓지 않은 원시림은 우리를 당황하게 만들었다. 인간은 자신이 경험한 세계를 넘어선 장소에 들어서면 주체할 수 없이 반응한다. 그것은 놀람으로 구성된 침묵과 이유를 알 수 없는 눈물이다.
저 멀리 산 정상이 보이자 우리는 다시 등반을 시작했다. 계곡으로 흘러내려가는 또 다른 샘물의 원천을 찾아보기로 했다. 겨울 산의 추위에도 아랑곳하지 않고 대지의 깊은 곳에서 용솟음쳐 올라오는 샘물을 보고 싶었다.

우여곡절 끝에 가파른 언덕에 움푹 파인 곳을 발견했다. 정상에서 얼마 떨어지지 않은 곳이었다. 나는 샘물이 졸졸 흘러나오는 구멍에 손바닥을 대고 웅크려 물을 모았다. 물이 차지 않고 미지근했다. 알 수 없는 이 산의 심연에서 솟아오른 용암수임이 분명했다.

샘물은 마르지 않는다. 샘물은 야산이 생성된 순간부터 그렇게 자신이 해야 할 일을 묵묵히 수행한다. 샘물은 다른 곳이 아닌 저 땅 밑에서부터 하나로 연결되어 길을 따라 뿜어 올린 물을 자연스럽고 겸허하게 흘려보낸다. 샘물을 보자 헨리 데이비드 소로의 『월든』에 등장하는 감동적인 문장이 생각났다.

저는 숲으로 갑니다. 정교하게 의도적으로 인생을 살고 싶기 때문입니다. 그래야 인생의 가장 본질적인 것과 마주하고 씨름할 수 있기 때문입니다. 그래야 저는 가르쳐야만 하는 것을 익혔는지 가늠할 수 있기 때문입니다. 그래야 제가 죽을 때 "내가 잘못 살았구나"라고 후회하지 않기 위해서입니다.

저는 삶이 아닌 것을 살고 싶지 않습니다. 그만큼 하루하루의 삶은 소중합니다. 저는 운명적으로 불가피한 경우가 아니라면, 체념을 연습하며 살고 싶지는 않습니다.

저는 인생을 심오하게 살고 싶습니다. 인생의 정수만을 뽑아내고 싶습니다. 그런 삶은 이런 것입니다.

불굴의 의지를 지니고 스파르타 군인처럼 인생을 사는 것입니다. 살 만한 의미를 찾지 못하는 모든 것을 단호하게 제거하는 것입니다. 인생의 잡초들을 폭넓게 제거할 뿐만 아니라 완벽하게 제거하는 것입니다. 인생을 구석으로 몰아 가장 근본적으로 압축시키는 것입니다.

인생의 목표는 정교하게 의도적으로, 한마디로 '잘' 사는 것이다. '잘'이란 부사는 더도 말고 덜도 말고 최적인 상태를 의미한다. 나는 단순히 육체덩어리가 아니다. 이 육체를 정신적이며 영적인 자아와 일치시키지 못하면, 나는 실에서 떨어져나가 이리저리 나부끼는 연과 같다.

인간은 육체의 충동과 욕망의 노예 이상이다. 잘 산다는 것은 내가 할 수 있는 유일한 임무를 발견하고, 그 임무의 꽃을 피우기 위해 정교한 노력을 연습하는 것이다.

우리는 흔히 의식주를 해결하면 잘 사는 거라고 생각한다. 인생은 단순히 생존과 견딤 그리고 자극 그 이상의 것이다. 온전한 자기 자신이 되는 것이 인격의 완성이며, 자신이 속한 공동체의 소중한 자산이 되는 길이다.

그리스 철학자들은 인생의 목표를 그리스어로 '유다이모니아(eudaimonia)'로 표현했다. 유다이모니아는 자신의 정신이 깃든 영적인 씨앗으로부터 아름답고 독창적인 꽃을 피우는 과정인 '자기문화(自己文化)'다. 야산의 샘물처럼, 추운 겨울 매서운 바람을 견디며 묵묵히 봄을 기다리는 전나무처럼 자신에게 주어진 땅을 개간해 그곳에 자기 자신이라는 소중한 씨앗을 심는 거룩한 행위다.

'문화'를 의미하는 영어 'culture'는 라틴어로 '개간하다 / 씨를 뿌리다 / 싹을 틔워 줄기, 잎, 가지, 꽃, 열매를 맺어 향기를 내다'라는 뜻이다. 자신에게 주어진 토양이 뿌리를 박고, 그 토양으로부터 자양분을 얻는 자족이다. 겨울이 오면 가만히 봄을 기다리는 인내가 필요하다. 씨앗의 특징은 성실, 진실, 단순, 믿음, 순수 그리고 겸손이다. 한마디로 자족하는 숭고한 자기문화다.

야산의 정상에 올라 경사면에 서서 침묵한 채 자족하는 나무들을 내려다보았다. 모두들 자기 모습 그대로의 품위를 지키며 순간을 즐기고 있다. 옆에 있는 나무를 쳐다보지도 부러워하지도 시기하지도 않는다. 나무들이 나에게 묻는다. "당신은 당신입니까? 하루라는 인생을 자족하며 살고 있습니까?" 인생의 정수를 찾아 그것을 살고 싶다.

정신과 영혼을 수련하지
못한다면
우리는 인간으로 태어나
짐승으로 죽는
직무 유기자로
전락할 것이다.

온전한
자기 자신이
되는 것이야말로 ─────────

——————————— 인격의 완성이다.

빅뱅 이론은 무엇이 왜
그것을 일으켰는지 말하지 않는다.
또한 빅뱅 전에 무슨 일이
일어났는지도 말하지 않는다.

앨런 구스

구별

區別

일상의 습관을 떼어 놓는 훈련

하루는
빅뱅을 경험하는
시간이자
장소다.

나의
모든 힘을
집중시킬 수
있는

고요한
한
지점은
어디인가?

오늘 나는 누구와 또 무엇과 부딪칠까? 내 머릿속 어떤 생각들과 만나 어떻게 반응할까? 신은 하루를 창조하며 언제나 예상치 못한 일들을 나에게 던져준다. 나는 오늘 내가 그것들을 어떻게 처리하는지를 관찰하고 싶다.

그런 일들을 미리 상상하고 그 대처 방안을 준비하지 않으면 나는 그것들을 능동적으로 마무리할 수 없다. 오늘 저녁, 하루를 돌아보며 '괜찮은 하루였다'라고 고백하기 위해서는 어떤 마음가짐을 가져야 할까?

우주 탄생에 관한 가장 잘 알려진 가설은 '빅뱅 이론'이다. 1922년 러시아 수학자 알렉산드르 프리드만은 만물의 생성 바탕인 우주에 관한 새로운 이론을 수학적으로 풀어냈다. 서양인들에게 우주는 '질서'이며 '고정'이었다. 그는 정반대로 우주는 무질서이자 팽창이라고 생각했다. 그는 아인슈타인의 일반 상대성 이론을 통해 우주 팽창에 대한 이론을 제기했다.

프리드만과는 별도로 벨기에 가톨릭 신부이자 물리학자인 조르주 르메트르는 우주 팽창 이론을 설명했다. 르메트르의 이론은 미국 물리학자 에드윈 허블의 관찰로 증명됐다. 허블은 당시로서는 가장 큰 2.5미터의 후커 망원경을 통해 별들의 위치와 이동을 관측했다.

천문학자들은 안드로메다 은하계와 삼각형자리 은하계의 거리 측정에서 세페이드 변광성이, 1775년에 칸트가 『일반 자연사와 천체 이론』에서 확인한 위치보다 훨씬 멀어져 있다는 사실을 발견했다. 르메트르는 이 이론을 '원초적 원자에 관한 가설'이라고 불렀다.

우주는 안정과 고정이라는 신념을 가진 영국 천문학자 프레드 호일은 1949년 BBC 라디오 방송에서 르메트르-허블 이론을 폄하하기 위해 그 이론에 '빅뱅'이라는 이름을 붙였다.

얼마 전 NHK의 한 방송 프로그램에서 나는 '빅뱅'의 순간을 목격했다. 거대한 몸집이 부딪히는 그 빅뱅의 순간은 일본 씨름 '스모' 시합이었다. 나는 스모를 사람을 링 밖으로 밀쳐내는 싸움으로만 생각했었다. 내가 잘 모르는 분야나 대상을 미개한 것으로 치부해버렸던 것이다.

사람들은 자신이 모르는 현상을 '다르다'라고 여기지 않고 '틀리다'라고 쉽게 정의해버린다. 다름을 인식하기 위해서는 사방이 바다로 둘러싸인 바다를 떠나려는 무아(無我), 그 대상 안으로 진입하려는 용기, 그것을 이해하려는 인내를 거쳐야 하며, 그것을 통해 마침내 대상의 존재 이유를 자연스럽게 알게 된다. 다름을 자신의 일부로 만들려는 몸부림이 배움이며, 그 다름이 소중하다는 것을 일깨우는 체계적인 과정이 교육이다.

문학평론가 에드워드 사이드(Edward Said)는 『오리엔탈리즘』이라는 책에서 서양의 이슬람과 동양에 대한 편견을 역사적으로 추적했다. 서양은 자신들의 무력으로 점령한 동양에서 발견한 다름을 열등하다고 치부했다. 영어 'oriental'에는 '보호받고 지도받아야 할 하등한 존재'라는 의미가 내포되어 있다.

스모는 단순한 스포츠가 아니라 자연과 조상을 모시는 일본 종교인 신도(神道)의 신년 하례 의식의 일부였다. 쇼군을 중심으로 무관들이 장악한 무로마치 시대(1336-1573)에 일반인들이 낡은 해를 몰아내고 새해를 맞이하기 위해 치르던 종교 의식에서 출발했다. 도쿠가와 이에야스가 등장해 도쿄(에도)를 수도로 정한 에도 시대(1603-1867)에 스모의 최고 등급인 '요코즈나(横綱)'가 제정됐다.

스모 선수들은 청소년기에 사제들처럼 수도원과 같은 도장에서 훈련을 받는다. 요즘은 체중을 불려 거대한 몸집을 만들기 위해 일부러 많이 먹지만, 처음에는 그렇지 않았다. 선수들은 머리카락을 자르지 않으며, 머리카락을 특별한 모양으로 묶는다.

고대 이스라엘에서도 사제를 위해 신전에서 생활하는 사람들은 음식을 절제하고 머리카락을 자르지 않았다. 이들은 '구별'이라는 훈련을 감행하게 되는데, 일상의 거주지를 떠나 성소로 들어간다.

고대 이스라엘에서는 '구별된 자'를 히브리어로 '나지르 (nazir)'라고 불렀다. 나지르는 일상의 습관을 구별하는 자다. 나지르는 머리카락을 자르지 않고, 알코올이 들어간 음료를 마시지 않는다. 새로운 자신으로 거듭나기 위해 철저히 자신을 분리시켜 훈련한다.

스모 경기에서 선수들이 상대방을 씨름판에서 밀어내기 위해 머리카락을 잡거나 상대방을 주먹으로 치는 행위는 엄격하게 금지된다.

스모는 우리가 아는 서양의 격투기와는 다르다. 이들이 용호상박하는 스모 씨름판을 '도효(土俵)'라고 한다. 도효는 60센티미터 높이에 6.7미터의 정사각형 모래판 안에 직경

4.55미터의 원이 정교하게 꼰 지푸라기로 표시되어 있다.

스모 선수들은 승부에 앞서 옛날부터 전해오는 습관대로 '시코(四股)'라는 행위를 한다. 시코는 선수가 양발을 하나씩 힘 있게 높이 들었다가 땅을 밟는 행위다. 양발은 바깥을 향하고 보폭은 어깨 너비의 두 배 정도를 유지하며 상반신은 일직선이 되도록 등을 쭉 편다. 선수는 양발을 교대로 높이 그리고 반듯하게 들어 올렸다가 최대한 힘차게 쿵 하고 씨름판을 디딘다.

선수들이 대결을 펼칠 원형 씨름판의 중간에는 두 개의 하얀 선이 있다. 이 선들은 '시키리센(仕切り線)'이라고 부른다. 선수들은 두 손을 이 선에 대고 상박을 위한 최적의 순간을 가늠한다.

두 선수는 웅크린 자세로 포즈를 취하다가 이내 자세를 풀고 자신의 자리로 돌아간다. 그들은 바깥 사각 링 구석에 마련되어 있는 소금 한 줌을 움켜쥐어 씨름판에 뿌린다. 병충

해나 자연재해 없이 새해의 풍년을 기원하는 오래된 의식인 것 같다.

어린 시절, 할머니가 집안을 청소한 뒤 혹은 낯선 걸인이나 좋지 않은 일이 생겼을 때 집 앞을 물로 씻어내고 소금을 뿌리던 행위와 유사하다. 소금을 뿌리는 행위는 신도의 중요한 종교 의례다. 신도는 사람들의 몸과 마음을 청결하게 하는 의례로 물과 소금을 사용한다. 스모 선수들은 소금으로 자신이 대결할 장소인 도효를 정결하게 만든다.

스모가 종교 의례라는 점을 알 수 있는 또 다른 단서는 씨름판 위에 설치된 거대한 지붕이다. 신도 사당의 지붕 구조를 흉내 낸 6.25톤 지붕이 천장으로부터 내려온 굵은 철사줄에 매달려 있다. 선수들은 몇 차례 시코를 행하고, 중앙의 하얀 두 선을 짚어 상대방을 가늠하고, 소금을 씨름판에 뿌리는 행위를 반복한다. 선수들은 다시 웅크린 자세를 취해 용호상박의 순간을 찾는다.

두 선수가 이런 의례적인 행위를 반복하면 관중들은 그 순간을 기다린다. 그들은 이 무아지경 속에서 신음하고 소리지른다. 정해지지는 않았지만 두 선수의 마음이 하나가 되는 순간, 빅뱅이 일어난다. 거대한 산과 같은 두 선수는 경계가 정해진 우주와 같은 공간인 제단으로부터 상대방을 밀어내거나 모래판으로 넘어뜨린다.

실제로 이들이 몸을 부딪쳐 싸우는 시간은 불과 몇 초 혹은 몇 분에 불과하다. 이들이 많은 관중 앞에서 정교한 의례를 통해 찾는 그 한 지점은 무엇인가? 이들은 상대방을 모래판에 넘어뜨리거나 도효 밖으로 몰아내기 위해 자신의 모든 힘을 집중할 수 있는 고요한 한 지점을 찾는다.

하루는 빅뱅을 경험하는 시간과 장소다. 정신을 차리지 않으면 나는 우주의 미아가 된다. 지금도 계속 팽창하고 있는 우주 안에서 나 자신을 잃지 않기 위해서는 정중동을 유지해야 한다.

나는 오늘 두 발을 땅에 굳건히 디뎠는가? 나는 내 주위를 물과 소금으로 정결하게 청소했는가? 나는 오늘이라는 불완전을 수용해 나를 위한 최선으로 승화할 것인가?

4부

승화
昇華

위대한
변화의
시작

자신을 아는 것이
인류를 위한 가장 위대한 봉사입니다.

라마나 마하리쉬, 인도의 성자

각성

覺醒

무엇으로부터 깨어날 것인가

12월은 죽음을 생각하기에 좋은 달이다. 푸르던 나뭇잎도 자신이 왔던 땅으로 다시 돌아가고, 앙상하게 남은 가지는 죽음을 준비한다. 이런 죽음의 준비는 다시 봄의 새싹으로 이어질 것이다. 죽음에 대한 생각은 역설적으로 내가 살아 있음을 각성하게 하고 감사하게 만드는 처방전이다.

인생을 마지막 날처럼 살리라 말은 하지만, 하루라는 시간을 스스로 장악하지 못하면 각성은 온데간데없이 사라지고 하루를 또 그럭저럭 보내기 십상이다. 그래서 우리는 매일 아침 새로운 심정이 필요하다. 그것은 마치 전선에 투입되는 군인의 마음과도 같다.

나는 오늘 하루 사소한 일, 남의 눈치와 체면 때문에 해야 하는 일, 나 스스로도 창피하게 여기는 쾌락을 쫓는 일에 시간을 허비하지 않을 것이다. 오늘이라는 전선에 투입되어 다시 돌아올 수 없는 밤을 상기하며 하루를 산다면, 그것은 어떤 마음가짐일까?

나를

돌아보는 공부와

그 공부에 대한 묵상은

이전까지

들어가본 적 없는

미개척의 영역으로

입장하는 것이다.

완전한 입장은

감각과 감정에 쉽게

휩싸이는 육체로부터의

이탈에서 시작한다.

스토아 철학자들은 니체의 운명관이 담긴 '아모르파티(amor fati)'를 유행시킨 사상가들이다. 결코 실패한 적 없는 예언이 있다면, 그것은 죽음이다.

두 번의 암을 극복하고 세 번째 암과 싸우고 있는 지인이 있다. 그가 겪는 고통은 내가 상상할 수도 없는 것이지만, 며칠 전 주고받은 메시지에서 삶에 대한 그의 의지와 감사를 엿볼 수 있었다. 하루하루가 그에게는 덤이다. 그는 아마도 덤으로 사는 오늘을 위해 반드시 해야 할 한 가지를 해낼 것이다.

이미 오래전에 성서의 의인인 욥이 사고로 자식을 모두 잃고 자신은 몹쓸 피부병에 걸렸을 때, 그는 자기의 처지를 비관해 포기하고 싶었을 것이다. 그는 자신의 불행을 통해 자신의 운명을 심오하게 응시하기 시작했다.

노예였다가 철학자가 된 에픽테토스는 누구보다도 이런 삶의 태도를 몸에 익혔다. 주인의 학대로 일생을 지팡이를 짚고 다니다 철학자가 된 그는, 말장난과 같은 당시의 철학을 비판하며 철학을 다음과 같이 정의했다.

철학은 사람에게 (더 많은) 물질을 가져다줄 거라고 주장하지 않습니다. 그런 주장은 철학의 범위를 넘어서는 것입니다. 나무가 목수에게, 청동이 조각가에게 유용한 것처럼, 우리 자신은 '삶이라는 예술'의 가장 적절한 재료입니다.

—『담화』I.15.2

철학은 학자나 부자 혹은 권력자들을 위한 심심한 놀이가 아니다. 삶을 예술로 승화하기 위한 가장 적절한 재료인 인생을 조각하는 기술이다. 헨리 데이비드 소로는 『월든』에서 당시 철학자들의 행태를 이렇게 비판한다.

요즘 철학 교수들은 철학자가 아니다. 어떤 이의 삶에 대한 태도와 모습이 감탄스러울 때, 그가 감탄스럽다고 말할 수 있다. 철학자는 단순히 미묘한 생각을 떠올리고, 학파를 형성하는 데 그치지 않는다. 그것은 삶의 명령에 따라 지혜를 사랑하는 것이다. 지혜를 사랑하는 것은 단순한 삶, 자립하는 삶, 타인에게 관대한 삶, 그리고 자신과 타인과 자연을 신뢰하는 삶이다.

철학은 인생의 문제를 이론으로만이 아니라 실제적으로 푸는 것이다. '위대한 학자나 사상가'로 알려진 자들은 보통 궁정의 신하로 전락해 권력자에게 아첨하며, 그들이 제공하는 재화를 누리는 것을 성공이라고 부른다. 그들은 그런 성공에 만족한다. 그는 왕답지 못하고 씩씩하지도 않다.

철학자가 된다는 것은 왕처럼 생각하고 말하고 행동하는 것이다. 철학자가 된다는 것은 자신의 심오한 생각을 씩씩하게 말하고 자신의 삶으로 여실히 보여주는 것이다. 철학자가 인생을 지혜롭게 사는 방법을 고민하고 제시하는 자라면, 그 각성은 키케로가 말한 것처럼 죽음에 대한 숙고에서 온다. 키케로는 "철학을 공부하는 것은 스스로 죽음을 준비하는 것이다"라고 말한다.

자신을 돌아보는 심오한 공부와 그 공부에 대한 깊은 묵상은 이전까지 들어가본 적 없는 '미개척의 영역(terra incognita)', 즉 이전까지 인식하지 못했던 나의 내면으로 진입하는 것이다. 그 완전한 진입은 쉽게 감각과 감정에 휩싸이는 육체로부터의 이탈에서 시작한다.

그와 같은 행위가 바로 죽음의 연습이다. 그것은 무술을 배우는 초보자가 과거의 습관을 살해하는 것과 마찬가지다. 철학은 인간의 존재를 없음으로 만드는 '죽음을 두려워하지 않고 자신이 살아 있다는 마음가짐에 대한 훈련'이다. 사람들은 죽음을 잊기 위해 쾌락을 즐긴다. 실제로는 죽음으로부터 도망치는 비겁한 행위다.

고대 그리스 시칠리아 시라쿠사 섬의 독재자인 디오니시우스 2세에게는 아첨을 일삼는 대신 다모클레스가 있었다. 다모클레스는 사람들의 인기에 영합하는 자였다. 그는 언제나 디오니시우스 2세의 왕좌를 탐내며, 그에게 최고 권력의 자리가 얼마나 행복하고 위대한지를 칭송하며 부러워했다.

디오니시우스 2세는 최고 권력의 영광만 알고 그 책임을 모르는 다모클레스에게 자신과 신분을 바꾸자고 제안한다. 디오니시우스 2세는 통치 기간 동안 수많은 정적을 만들어 왕좌에 앉을 다모클레스에게 권력의 참맛을 알려주기 위해 특별한 장치를 마련한다.

디오니시우스는 왕좌 위에 말꼬리의 털 한 가닥으로 연결한 커다란 칼을 매달아놓는다. 왕의 삶은 자신의 자리를 노리는 수많은 정적들의 암살을 걱정하며 하루도 편하게 쉴 수 없기 때문이다.

이 왕좌에 앉은 다모클레스는 자신이 불행할 뿐만 아니라 한시도 편하게 쉴 수 없다는 사실을 깨닫는다. 돈과 명예 그리고 권력을 다른 사람보다 많이 누린다는 것은, 그만큼 많은 걱정과 근심 그리고 위험을 안고 산다는 의미다.

오늘 하루는 '다모클레스의 칼'과 같다. 신은 인간으로부터 그의 생명을 사고로 위장해 한순간에 가져갈 수 있다. 그런 위협에 대한 태도는 두 가지다. 그 죽음을 두려워해 도망치거나 아니면 죽음과 직면해 새로운 삶을 시도하는 것이다.

오늘 나는 마주하는 가족에게 친절한 눈빛과 말을 건넬 것인가? 오늘 내가 하는 일에 최선을 경주할 것인가? 나는 죽음을 각성해 오늘 이 순간을 살고 있는가?

산 정상에 오른 사람은
그동안 일어난 모든 비극에 웃을 수 있다.

프리드리히 니체

모험
冒險

일
상
이
라
는

경
계
의

확
장

경험에는 두 가지가 있다. 하나는 일상을 맞이하는 일반적인 경험이고, 또 하나는 일상을 초월해 이전까지 경험하지 않은 새로운 영역으로 진입하는 특별한 경험이다. 우리는 이 특별한 경험을 '모험'이라고 부른다.

모험은 위험을 감수할 만큼 가치가 있다. 범인들은 경험을 하지만, 더 나은 자신을 추구하는 자들은 모험을 한다. 우리의 하루는 어제의 반복이며, 그 반복은 내일도 모레도 계속될 것이다.

우리가 살아가는 사회는 언제나 바쁘다. 내가 의도하지 않아도 해야 할 일들이 늘 밀려 있다. 그래서 사회를 '바쁨'이라는 뜻의 '비즈니스(business)'라고 부른다.

바쁨은 일의 연속이다. 내 생각을 차분히 기록할 수첩 하나 구입할 시간이 없다. 인생의 목표는 내 연봉의 숫자를 늘리는 것이다. 사람들은 내가 매일 반복적으로 하고 있는 아침 산책과 글쓰기를 터무니없는 노동으로 여길지도 모른다.

아침 산책과 글쓰기는 내가 의도적으로 선택한 엄연한 나만의 취미다. 나의 하루는 이 두 가지를 통해 의미를 얻는다. 내가 오래전에 그렇게 정했기 때문이다. 나는 이런 반복되는 행동이 나의 습관으로 정착되어 매일 아주 조금씩이라도 나를 변모시키기를 바랄 뿐이다.

그런 반복은 외국어를 배우는 과정과 같다. 처음부터 콘래드나 스타인벡의 소설 원전을 읽을 수는 없다. 알파벳을 배우고, 문법을 익히고, 오랜 기간 동안 소설과 시를 읽은 뒤 자신의 최선을 기록한 위대한 작가들의 원전을 조금씩 이해할 수 있다.

외국어로 된 책을 매일 지속적으로 읽으면 어느 순간 그 글뿐만 아니라 그 글을 쓴 저자의 심정을 이해하게 된다. 이 순간을 '아하'라고 한다. 그러면 나는 이 세상을 영어로 기록한 엄청난 세계로 진입해 그들이 남긴 인류 최선의 생각들을 감상할 수 있게 된다.

일상을 추월해 모험하는 자에게는 더 큰 세계가 열린다. 나는 한곳에 머물러 있지만 아침이면 예루살렘으로 가 다윗이 압살롬에게 쫓겨 예루살렘을 떠날 때 부른 〈시편〉을 읽을 수 있고, 소포클레스의 『오이디푸스 왕』에서 죽은 아내를 안고 절규하는 오이디푸스의 절규에 눈물 흘리며, 피렌체 다리에서 베아트리체를 처음 만났을 때를 기록한 단테의 『신생』을 읽으며 가슴이 두근거리는 것을 느낀다. 내 몸은 시골의 공부방에 있지만, 내 마음은 매일 아침 예루살렘, 아테네 그리고 피렌체를 여행한다.

헨리 데이비드 소로는 1845년 7월 4일 미국 독립기념일에, 미국의 독립은 개인의 독립에서 올 수밖에 없다는 이상을 몸소 체험하고자 분연히 월든 호숫가에 오두막집을 짓고 2년 2개월 2일 동안 그곳에 머문다.

그는 인생이라고 불리지 못할 인생을 더 이상 살지 않겠다고 결심한다. 왜냐하면 인생을 결정하는 하루는 매우 소중하기 때문이다. 그는 인생을 심오하게, 그리고 매순간 인생의 정수를 뽑아 고대 그리스 스파르타인들처럼 단호하게 살고 싶다고 말한다.

소로는 이곳에서의 경험을 『월든』이라는 책에 실었다. 그는 마지막 장인 '결말'에서 자연과 일치된 삶을 동경하며 그곳에서 마주한 기러기를 통해 현대인들의 소심함에 대해 이야기한다.

기러기는 우리 인간들보다 코스모폴리탄적입니다.
그들은 캐나다에서 조식을 하고,
오하이오에서 점심을 합니다.
그리고 저녁엔 미국 남부 늪지대에서 깃털을 다듬습니다.

그는 당시 사람들이 즐기던 사냥보다 훨씬 더 고상한 취미를 소개한다. 자신을 대상으로 사냥하는 행위다. 그는 이 행위를 이야기하기 위해 17세기 영국의 시인 윌리엄 해빙턴의 〈나의 명예로운 친구, Ed. P 경에게〉라는 시를 인용한다.

당신의 시선을 내면으로 돌리십시오.

당신은 발견하게 될 것입니다.

당신 마음속에 존재하는 수천의 지역들을.

그것들은 아직 발견되지 않았습니다.

그 안으로 여행해보십시오.

그리고 마음이라는 우주 지형의 전문가가 되십시오.

인생의 성공이란 자신의 꿈을 향해 매일 정진하는 과정이다. 자신이 상상한 이상적인 삶을 살기 위한 노력이 성공이다. 소로는 이런 모험이 가져다주는 선물을 이렇게 설명한다.

나는 월든 호숫가 실험을 통해 적어도 이것을 배웠습니다. 만일 인간이 자신의 꿈을 향해 확신을 가지고 정진한다면, 그리고 자신이 상상한 삶을 살려고 감히 노력한다면, 그는 일상에서는 기대할 수 없는 전혀 새로운 성공과 조우할 것입니다.

그는 사소한 것들을 뒤로한 채, 보이지 않는 경계를 건널 것입니다. 새롭고, 보편적이며, 더욱 자유로운 인생의 법이 그의 마음속에 자리 잡을 것입니다. 혹은 오래된 법들이 팽창해 좀 더 자유로운 의미로 그에게 알맞게 해석될 것입니다. 그는 이제 좀 더 높은 차원의 질서의 허가를 받아 살 것입니다.

그에게 고독은 더 이상 고독이 아니며, 가난은 더 이상 가난이 아니다. 그는 자신이 만든 문법으로 세상을 사는 인간이 된 것이다. 그는 이제 자신에게 온전히 만족하는 사람이 됐다. 그는 내일의 자신을 기대하며 오늘을 연습하는 자신에게 온전히 몰입하는 자가 됐다.

나는 안주하는가, 모험하는가? 나는 지금 미래의 나를 연습하고 있는가, 어제의 나를 답습하고 있는가?

숭고함이란

당신의 이전보다 나은 인간이 되는 것이다.

어니스트 헤밍웨이

변모
變貌

존
재
의

의
미

우리는 별 수 없이 절망의 삶을 살고 있다.

체념이라는 것은 확인된 절망이다.

희망은 내가 원하는 것이 있고

그것을 추구할 때 생기는 자신감이다.

시골에 살면서 누리는 기쁨 중 하나는 봄이 오는 신비한 광경을 감상하는 일이다. 아침 산책길 내내 참매가 나를 따라왔다. 휴대전화를 들이대고 사진을 찍으려하자 이내 날아가버렸다. 새는 나와의 일대일 만남을 원했는데, 나는 그만 기계를 들고 설치는 실수를 저질렀다.

경칩은 겨울잠이라는 혼미한 상태에서 깨어나는 날이다. 지구와 자연은 태양 주위를 돌며 자연스럽게 자신을 변모시키지만, 인간은 그런 시간의 변화를 감지하지 못하고 아직도 어제의 잠에 취해 있다.

헨리 데이비드 소로는 『월든』에서 현대인들이 변모하지 못하는 이유를 이렇게 설명한다.

대부분의 사람들은 별 수 없이 절망의 삶을 살고 있습니다. 이른바 체념이라는 것은 확인된 절망입니다.
인간의 놀이나 오락 속에는

진부하지만 무의식적인 절망이 숨어 있습니다.

그 속에는 진정한 놀이가 없습니다.

왜냐하면 놀이는 노동과 분리되어

노동 다음에 오기 때문입니다.

지혜에는 이런 특징이 있습니다.

그것은 절망적인 일들을 하지 않는 것입니다.

150년이 지난 지금도 소로의 예언은 진리이며 유효하다. 절망이란 희망이 떨어져나간 상태다. 희망이란 자신이 원하는 꿈이 있어서 그것을 추구할 때 생기는 자신감이다. 봄이 왔지만 우리는 여전히 절망에 휩싸여 있다. 그것은 단순히 고약한 전염병 때문만이 아니다.

우리의 근본적인 절망감은 여기에서 온다. 시간이 지나도 여전히 진부한 삶을 사는 자신을 발견하는 좌절감이다. 시간이 지나도 여전히 변한 게 없고 그저 그렇다. 새해 결심은 창조 신화가 되어 이미 사라졌고, 그저 그런 하루를 연명한다. 이 절망감을 오래 방치하면 우울의 늪이 되어 더 이상 거기에서 빠져나올 수 없다.

'자기변모'를 가능하게 하는 몇 가지 체크 포인트가 있다. 지금까지 지나온 자신의 삶을 가만히 회고한 뒤 그런 삶에 대한 나의 감정 반응을 살피면 된다. 예를 들어 자신이 작년에 혹은 이번 겨울에 시도한 일에 대한 스스로의 평가가 후회, 죄책감, 걱정으로 가득 차 있다면 그런 삶은 자신을 조금씩 허약하게 만들어 삶 전체를 마비시키는 고약한 전염병이 된다.

내가 이 세상에 존재하는 의미를 확인하고 강화한다는 희망이 없다면, 그런 일은 실패로 귀결될 것이다. 그런 시도는 대부분 수고와 노력 없이 습관적으로 행하던 쉬운 일들이며, 쾌락과 안정이라는 편함을 추구하는 넓은 일이다. 거기에는 일시적 쾌락의 자극과 타인의 환호가 잠시 머물 뿐이다. 그런 넓은 일은 한 사람의 개성을 말살하는 병이다.

어떤 임무는 힘들지만 지나고 보면 보람차다. 그런 임무는 자신이 간절히 원하는 목표를 발견하고 그것을 이루기 위해 온전히 헌신하게 만든다. 그 일은 언제나 도전적이며 어렵다. 그 임무는 자신도 아직 확인한 적 없는 잠재력을 일깨우는 일이며, 주위를 의식하지 않고 자발적으로 하루 종일 몰입할 수 있는 매력이다.

자신이 지닌 최대의 잠재력을 발휘하는 일에 몰입하지 않는 한, 인간은 불행하다. 만일 그가 자기실현의 임무를 찾지 못했다면, 그래서 그저 그런 일을 수년간 지루하게 반복한다면 그는 자기파괴적이며, 언제나 변명을 일삼는 인간으로 전락할 것이다.

자기실현은 자신의 생각을 반드시 행동으로 옮겨 시행착오를 거치며 자신에게 도전적인 일을 지속하는 인내다. 인간은 자신의 삶을 책임지는 철학자가 되어야 한다. 철학자란 자신도 잘 모르는 외국 철학자의 난해한 이론을 소개하고 강연을 하는 사람이 아니라, 자신의 심오한 생각을 삶을 통해 실험하고 그 성공과 실패를 주위 사람들에게 생생하게 보여주는 사람이다. 철학자는 침묵을 실천하고 행동으로 말하는 사람이다.

자기변모를 추구하는 사람은 이른 아침 숭고한 생각을 자신의 심연에 뿌리고, 그날에 완수해야 할 혹은 완수를 시도해야 할 목표를 상정하려는 습관을 들이는 사람이다. 무엇을 추구한다는 것은 그것을 완수할 때 따라오는 포상을 목적으로 하지 않는다. 그에게 중요한 것은 그런 추구가 선사할 자기변모다.

자기변모는 자신이 위험한 지대에서도 잘 견디며, 개선된 자아를 끊임없이 추구할 수 있다는 희망이다. 그는 항상 자신이 두려워하는 타부를 시도하는 사람이다.

인간은 불지불식간에 죽는다. 길다고만 여겼던 세월이 이렇게 빨리 지나가는 것을 보면 정말 그렇다. 자신이 간절히 원하는 것을 시도하지 않는 삶은 죽음이다. 나는 무엇을 응시하고 있는가? 그것을 완수하기 위해 나의 정신을 가다듬어 최선을 경주하고 있는가?

천재는

자신이 아무것도 모른다는 사실을 아는 사람이다.

아인슈타인

지고
至高

▬

나를 재판할 나만의 법정

나의 육체의 한계를 적나라하게 보여줄 뿐 아니라 나를 겸
손하게 만들어줄 수련장이 있다. 바로 산이다.

정상에 도달하기 위해서는 한 걸음도 생략할 수 없다. 한 걸
음 한 걸음이 더해져 정상이 되고, 그 한 걸음이 곧 정상이
다. 오르다 보면 산세는 더욱 가파르게 변하고 바위 절벽들
이 등장한다. 그런 가파른 산세는 정상에 오르려는 자에 대
한 마지막 시험이다.

시내와 동네에서 보던 그 많던 건물들은 거의 찾아볼 수 없
다. 유수처럼 흘러가버린 시간처럼 내가 알던 장소도 산 정
상에서는 희미하게 보일 뿐이다. 과연 나는 보이지 않는 저
어딘가에서 살고 있었던가? 암스트롱이 달에 착륙해 지구
를 보았을 때의 기분이 그러했을까?

아우렐리우스는 『명상록』에서 산 정상에서 터득한 삶의 지
혜에 대해 이렇게 이야기한다.

당신의 삶은 얼마 남지 않았습니다. 그러므로 산 정상에서 살듯이 사십시오. (산 정상에서 보면) 어디에서나 온 우주의 시민으로 사는 것과 마찬가지입니다. 여기에 살거나 저기에 살거나 산 정상에서는 전혀 다를 바가 없습니다. 자연(의 순리)에 따라 살아가는 진실한 인간이 되십시오. 만일 그들이 순리에 따라 사는 당신을 참아내지 못하면, 당신을 죽이도록 허용하십시오. 그런 죽음이 그들처럼 사는 것보다 더 낫기 때문입니다.

−『명상록』10.15

우주의 원칙인 시간이 만들어낸 만물에는 정해진 시간이 있다. 특히 인간과 같은 생물은 스스로를 유지하기 위해 에너지를 발산하고, 그 에너지는 일정한 기간이 지나면 고갈된다. 그 고갈이 죽음이다. 아우렐리우스는 로마 황제로서 게르만족과 전쟁을 하며 인생의 마지막을 보낸다.

그는 자신의 인생이 얼마 남지 않았다는 사실을 알았고, 그

남은 날을 인생의 마지막 순간처럼 살았다. 죽음 앞에서는 자신이 황제이건 노예이건 로마인이건 야만인이건 백인이건 흑인이건 상관없다. 아우렐리우스는 그 심정을 '산 정상'에 올랐을 때의 기분이라고 말한다.

그는 자신을 우주의 시민으로 묘사한다. 우주란 인과응보의 법칙이 지배하는 질서다. 인간은 그 질서 안에서 자신에게 주어진 고유한 역할, 즉 의무를 시행하는 자다. 우주라는 질서 안에서 자신의 위치를 확인하고 사는 삶이란 자연의 이치에 따른 삶이다.

자연의 이치란 나에게 가장 자연스럽고 가장 나다운 삶이다. 자연의 이치에 따른 진실한 삶이란 영적인 자아의 적극적인 실현이다. 자신의 잠재성이 발휘되는 지고(至高)의 삶은 언제나 만족스럽다.

고대 인도인들은 '지고'를 '삼매(三昧)'라는 말로 표현했다.

인간은 자신도 모르게 몸과 마음에 밴 욕심으로 가득한 자아로부터 탈출한 뒤, 자신 본연의 자아이며 우주적 자아를 되찾는 여정을 시작한다. 요가 수련자는 이 훈련을 통해 지금의 자아와 해탈의 자아를 일치시킨다. 이 일치를 '사마디(samadhi)'라고 부른다.

'사마디'는 '함께'라는 의미의 접두어 '사'와 '마음'을 의미하는 '마', 그리고 '적재적소에 두다'라는 의미를 지닌 동사 '디'로 이루어졌다. '디'는 아주 오래된 인도유럽어 어근 '데흐'에서 파생했다. 데흐는 '적재적소에 두는 배열'이다.

데흐의 개념은 우주 창조 이야기의 핵심이다. 신은 천체를 당연히 그들이 있어야 할 장소에 두었다. 태양과 달, 지구는 인간이 기억할 수 없는 까마득한 과거부터 그 장소에서 자신에게 주어진 길을 자전하고 공전해왔다. 삼매에서 발견하는 나 자신이 바로 '푸루샤(Purusha)'다. 푸루샤는 개인이면서 우주이고 우주이면서 개인이다.

프랑스 철학자 몽테뉴는 『수상록』에서 법률가답게 '지고의 자신'을 다음과 같이 표현한다.

저는 마음속에 저를 재판할 저만의 법과 저만의 법정을 소유하고 있습니다. 저는 다른 어떤 것보다 이 법정의 결정에 승복합니다.

지고의 자신을 추구하고, 그것을 매일 수련하는 사람은 타인의 평가에 연연하지 않는다. 그들의 칭찬이나 야유는 스치고 지나가는 한 줄기 바람과 같다. 그런 사람에게 명예, 지위, 인정, 명성은 자기발견이나 지고의 수련에 비해 하등 중요하지 않다.

등산을 하는 사람은 두 부류로 나뉜다. 정상에 오른 사람과 정상에 오르지 못한 사람이다. 인생이라는 산을 등반하는 사람도 두 부류다. '지고'를 경험한 사람과 '지고'를 경험하지 못한 사람이다.

지고를 경험한 사람에게 그 경험은 자신의 삶을 건전하고 건강하게 만드는 유일한 치료이며, 어제보다 나은 미래의 나를 실현하는 성장이며, 내가 열망하는 나를 만들어주는 계기가 된다. 지고를 경험하지 못한 사람은 지고의 자신을 두려워하는 자다. 그 두려움이 그로 하여금 자신이 궁극적인 지고를 마음속에 품고 있다는 사실을 망각하게 만든다.

지고의 경험은 중독이나 탐닉이 아니다. 일상의 의무를 저버리는 게 아니라, 오히려 숭고한 의무로 전환하려는 수고다. 지고는 더 심오한 지고를 발견하기 위한 과정일 뿐이다. 나는 나의 잠재력을 일깨운 적이 있는가? 그 안에서 나를 애타게 기다리는 지고를 경험하고 있는가?

자신의 마음을 변화시킬 수 없는 사람은

아무것도 변화시킬 수 없다.

조지 버나드 쇼

변화
變化

—

나에게 보내는 정중한 초대

우주 안에 변하지 않는 것은 없다. 우주의 주인인 시간은 그 안에 존재하는 모든 것을 변화시킨다. 밤은 새벽과 아침이 오고 있다는 표시이고, 낮은 저녁과 밤이 다가온다는 경고다. 겨울은 도래하는 봄의 준비이고, 여름은 가을을 맞이하기 위한 아우성이다. 자연스러운 변화는 그 자체로 자연이다.

헤라클레이토스는 "만물은 변한다"는 말로 우주의 핵심을 간파했다. 구약성서 〈전도서〉에 등장하는 광장의 설교자의 외침인 "해 아래 새것이 하나도 없다"는 말은 옳지 않다. 빅뱅으로 우주가 탄생한 이후 그 안에 존재하는 만물의 특징은 예측할 수 없는 새로운 경지로 끊임없이 변화한다는 것이다.

지구의 주요한 자산인 인간도 우주의 시민답게 당연히 변한다. 현대인들은 변화하는 인간을 '늙음'이라고 표현하기를 싫어한다. 그러나 늙음은 삶의 정수를 알게 되는 지혜의 상징이다. 나이가 들었는데 지혜롭지 못하다면, 이는 큰일이다. 그래서 히브리 시인은 '회색 빛 머리카락'을 지혜를 상징하는 면류관으로 표현했다.

'늙음'이라는 영어 'aging'의 본래 의미는 '생동하다 / 영원하다'라는 뜻이다. 인간은 태어나면서부터 늙기 시작한다. 어린아이도 늙고 중년도 늙는다. 이런 자연스러운 변화는 인간을 포함해 모든 만물에게 일어나는 당연한 현상이자 특징이다. 만일 어떤 것이 변화하지 않는다면, 그것은 죽은 것이다. 생명이 존재하는 한 변화하는 것은 당연하고, 생명이 존재하지 않는 순간 변화도 멈춘다.

문장을 구성하는 품사인 '동사'에는 두 종류가 있다. 하나는 어떤 대상에게 직접적인 영향을 끼치는 '동작동사'이고, 다른 하나는 주체 스스로가 시간의 흐름에 의해 서서히 다른 상태로 진입하는 '상태동사'다. '나는 차를 타고 서울로 간다'라는 문장에서 '간다'는 동작동사다. 나라는 주체는 차 안에 몸을 싣고 서울이라는 별도의 장소로 운전해 움직인다는 의미다.

'나는 너를 사랑한다'라는 문장에서 '사랑한다'는 상태동사다. 내가 '너'라는 경계를 허물고 강제로 진입해 사랑한다는 의미가 아니다. 그것은 폭력이지 사랑이 아니다. 이 문장에서 '사랑한다'는 동사는 '나는 너를 과거부터 지금까지, 그리고 앞으로도 아끼고 네가 원하는 것을 미리 살펴 그것을 마련해줄 준비가 되어 있다'는 마음의 상태를 표시한다.

'변화하다'는 상태동사다. 인간은 매일 조금씩 변화한다. 변화하고 싶은 대상을 분명히 발견하고, 그것을 행해 조금씩 나를 변화시키는 연습을 소홀히 여기지 않는다면 나는 분명 변화하는 중이다. 그리고 그런 변화가 곧 '혁신'이다.

혁신은 물질적인 그리고 정신적인 DNA를 바꿔 새로운 존재로 다시 태어나는 역동적 행위다. 동물의 가죽은 그 안의 지방 때문에 부패하고 딱딱해져 결국 흙으로 변한다. '무두질'이라는 작업을 통해 가죽에서 털과 기름을 제거하면 그 가죽은 유연하고 반영구적인 작품이 된다. 그 가죽이 자신이 안주하던 동물로부터 스스로를 분리하는 행위가 자기혁신의 시작이다.

분리된 가죽은 오랫동안 화학 성분에 몸을 담금으로써 과거에 자신이 집착하던 낡은 성분을 과감하게 내보내야 한다. 만일 오래된 성분이 남아 있다면 그것은 그냥 가죽일 뿐이다. 한자에서도 그런 날가죽을 '피(皮)'라고 부른다. 그러나 무두질을 거쳐 과거의 잔재를 완전히 제거하면 그 가죽은 '혁(革)'이 된다.

한자 '革'은 자신이 안주하던 몸에서 완전히 분리된 소의 가죽을 형상화한 문자다. 그때서야 완전히 새로워진다. 한자 '新'은 정과 도끼를 통해 가죽을 분리하고, 나무를 통해 가죽을 최대한 늘려 유연하게 만드는 행위다. 혁신하는 자는 유연하고 자유롭다.

만일 내가 스스로를 변화의 대상으로 삼지 않고 방치하거나 내가 아닌 타인을 변화시키려 한다면 불행이 발생한다. 그런 방치가 부패다. 만일 내가 오늘이라는 시간을 내 삶의 최선으로 만들기 위해 무두질을 하지 않는다면, 나는 인생의 패배자가 된다. 나를 부패로부터 건져낼 유일한 사람은 나 자신이기 때문이다.

또는 자신이 스스로 변화를 연마하지 않고 주변 사람을 변화시키기 위해 부산을 떤다면, 그 사람은 우매한 사람이다. 인간은 자발적 수고 없이 절대 변하지 않는다. 인생이라는 마라톤을 경주하는 사람은 코치의 조언을 참고해 신발을 동여매고 매일 스스로 달려야 한다. 이런 연습이 없다면 코치의 훌륭한 충고는 스쳐가는 바람소리일 뿐이다. 자발적이며 의도된 연습만이 변화로 이어지는 첩경이다.

내가 변하지 않으면서 타인을 변화시키려고 시도한다면 그것은 폭력이다. 나는 타인의 변화를 유도할 수 있다. 그런 유도가 성사되기 위해서는 가장 먼저 해야 할 임무가 있다. 나 스스로의 변화다. 나의 변화를 보고 상대방도 그 기운으로 서서히 변화한다. 남편이 변해야 아내가 변하고, 부모가 새사람이 되어야 자식이 부모의 기대 이상으로 진화한다.

자기변화는 주변에서 일어날 변화의 알파이자 오메가다. 변화는 엉켜 있는 실타래를 나의 생각과 말 그리고 행위로 하나씩 풀어내는 행위다. 변화는 누구에게 요구하는 폭력이 아니라 자신에게 부탁하는 정중한 초대이며, 그 변화를 이루기 위해 의도하는 섬세한 연습이다.

당신은 지금 누군가를 변화시키려 하고 있지는 않은가? 아니면 자신을 변화의 대상으로 삼아 변화하고 있는 중인가?

변화의 대상은 누구인가?

나인가 타인인가?

변화란 ──────────────────────────

타인에게 요구하는 폭력이 아니라

나 자신에게 부탁하는

정중한 초대다.

변화는
엉켜 있는 실타래를

──────────── 나의 생각과 말
그리고 행위로
하나씩
풀어내는 행위다.

알려진 것과 알려지지 않는 것이 있다.

이 둘 사이에 인식의 문이 존재한다.

올더스 헉슬리

미지
未知

———

인식되지 않은 땅

인간은 하루를 살고, 그 하루를 어떻게 보내느냐가 일생을 좌우한다. 하루가 일생이고, 일생이 하루다. 많은 사람들이 지금껏 오지도 않고 경험하지도 않은 미래를 계획하고 걱정하느라 정작 지금—여기를 소홀히 여긴다.

매해 마지막 달인 12월이 되면 만감이 교차한다. 지난 한 해를 좀 더 보람차게 보내지 못한 자신을 원망한다. 그런 후회가 부질없다는 것 또한 잘 알고 있지만, 그런 감정을 숨기지 못한다.
나 역시 연말만 되면 그런 회한의 감정을 반복해왔다. 젊은 날에는 그런 감정조차 느끼지 못할 만큼 무모하고 어리석었다. 나는 이런 회한을 분명 내년 12월에도, 후년 12월에도 반복할 것이다. 그렇더라도 해가 바뀌기 전에 다시 한 번 마음을 다잡아본다.

로마 시대 스토아 철학자들은 인간의 몸과 정신 그리고 영혼을 다른 단계로 도약시키기 위해 나태한 지금을 각성시키는 훈련사를 '헤게모니콘'이라고 표현했다. 헤게모니콘은 나를 장악하는 일종의 감시자다. 내가 흠모하는 미래의 나를 만들기 위해 현재의 나에게 조언하는 엄격한 마음의 스승이다. 자신의 심연을 응시하는 훈련을 한 사람이라면 그 스승의 목소리를 들을 수 있다.

그 스승은 항상 "너는 너다(you are who you are)"라고 말한다. 그러면서 다른 사람에게 눈길을 주지 말고 자신을 응시해야 하며, 자신다운 자신이 최선이라고 알려준다. 그 스승은 또한 "너는 네가 될 그것이다(you are who you will be)"라고 촉구한다. 만일 내가 나의 현 상황을 온전히 파악하고 그 있는 그대로를 수용한다면 나는 오늘 미래의 나를 살 것이다.

내가 나의 미래가 되어 지금 그렇게 살지 못하는 이유는 다음과 같다. 우리는 대개 이미 지나가버린 과거에 의존해 산다. 시간은 현재인데 과거에 이룬 자신의 성과나 실패에 연연해 우쭐하거나 의기소침해한다.

지금 미래의 나를 연습하는 사람이라면 행복하다. 행복이란 누구의 열광이나 갈채가 아니라, 자신이 응시한 자신을 대견하게 여길 때 마음속에 솟아오르는 만족감이다. 현재의 나와 미래에 되고 싶은 나 사이에는 엄격한 구분이 존재한다.

우리는 두 가지 삶을 산다. 하나는 우리가 경험한 영역 안의 삶이고, 다른 하나는 우리 심연에 존재하는 미지의 영역에서의 모험이다. 미지의 영역은 나의 최선이 발굴되는 장소이며, 언제나 나의 신명을 보장하는 신나는 놀이터다. 이 두 가지 삶 사이에는 깊은 계곡이 존재하고, 팽팽한 외줄로 연결되어 있다.

인간은 대부분 외줄타기를 시도하지 않는다. 한쪽은 과거의 나이며 다른 한쪽은 나를 극복한 나, 미래의 나다. 우리는 종종 인생의 시련과 마주해 과거의 나를 유기하고 위험하지만 미래의 나로 건너가야 한다.

우리에게는 두 가지 선택권이 있다. 하나는 좌절과 불행이 심화되는 막다른 골목에서 쓰러져 절망하는 것이고, 다른 하나는 아직 경험하지 않았지만 현재의 자신이 앞으로 가야만 하는 새로운 길을 찾아 나서는 모험이다. 당신은 둘 중 어느 쪽을 선택하겠는가?

대개의 사람들은 그런 모험을 감행하지 않는다. 그들은 본능적으로 그 길이 얼마나 힘든지를 직감하기 때문이다. 대부분의 사람들이 자신에게 익숙한 과거의 행태, 즉 감각을 자극하는 욕망과 희망, 무관심한 권태와 세상에 대한 불평과 냉소로 되돌아간다.

니체는 인간이 자신의 심연에서 흘러나오는 숭고한 목소리를 외면하는 이유는, 그 목소리가 절대적인 복종을 요구하기 때문이라고 설명한다. 인간은 성공, 확신 그리고 용기를 열망하지만, 그것을 가능하게 하는 힘든 과정인 자기변모와 자기진화를 추구하지는 않는다.

독일의 낭만주의 시인이자 철학자 프리드리히 횔덜린은 숭고한 자신을 "내면의 거룩한 불"이라고 표현한다. 이 불을 지피면 자신이 이전까지 단 한 번도 인식하지 못했던 전혀 새로운 영역이 등장한다. 인간의 마음속 깊은 곳에는 '인식되지 않은 땅'이 있다. 그곳은 누구도 발을 들여놓은 적이 없는 신세계다.

2세기 알렉산드리아에 거주하던 프톨레마이오스는 수학자이자 천문학자 그리고 지리학자였다. 그는 로마 제국을 위해 세계전도인 '코스모그라피아(cosmographia)'를 제작하면서, 그 당시만 해도 아직 알려지지 않았으나 반드시 있어야만 하는 땅과 바다를 지도에 그려 넣었다.

그는 '아직 알려지지 않은 땅'을 라틴어로 '테라 인코그니타'라고 불렀다. 테라 인코그니타는 르네상스 시대와 그 이후 대항해 시대 탐험자들의 상상력을 자극해 신대륙을 발견하는 단초를 제공했다.

테라 인코그니타의 별칭이 있다. 지도 제작자들은 이곳을 '힉 순트 레오네스(HIC SVNT LEONES)', 즉 '여기에 사자가 있다'라고 표시했다. 사자가 버티고 있는 그 장소에 들어가기 위해서는 남다른 기개가 필요하다. 그 기개란 모험을 통해 또 다른 자신을 발견하겠다는 용기와 그 용기를 지탱하는 자기확신이다.

나는 과거의 알려진 영토, 즉 테라 코그니타에 안주할 것인가? 아니면 나의 최선을 발견할 테라 인코그니타로 건너가기 위해 외줄타기를 시도할 것인가?

우리는 두 가지 삶을 산다. ————————————————

하나는
우리가 경험한 영역 안의 삶이고

다른 하나는
우리 심연에 존재하는 미지의 영역이다.

어둠은 어둠을 몰아낼 수 없습니다.

빛만이 그럴 수 있습니다.

마틴 루터 킹

광휘

光輝

끝을 알 수 없는 빛

우리에게는 안내자이자 동반자가 있다. 아주 멀리서 찾아온 자비롭고 친절한 손님이다. 새벽이면 어김없이 찾아와 만물을 깨우고, 무의식 상태의 나를 일깨우는 태양이다.

태양은 어떤 수를 동원해서라도 자신의 분신인 빛을 보낸다. 태양은 인간이 자신을 육안으로 직접 보는 것을 허락하지 않는다.

저 멀리서 나를 찾아온 햇빛이 강 물결 위에서 찬란하게 춤을 춘다. 빛줄기를 보지는 못하지만 물결에 반사된 여러 개의 태양을 본다. 수면에 비친 햇빛은 위로 치솟아 오르면서 옥빛의 다양한 기하학적 모형으로 변모한다.

이 빛은 아마도 2000년 전 그리스도인들을 체포하러 다마스쿠스로 말을 타고 가던 바울을 낙마하게 만든 강렬한 그 빛이었을 것이다. 바울은 그 순간 눈이 멀고, 이전까지 경험해보지 못한 빛을 경험하면서 새로운 인간으로 탄생한다. 바울 이외의 주위 사람들은 경험하지 못한 그 빛은 무엇인가? 그것은 강물에 비친 은빛의 원형들인가? 공중에 펼쳐진 옥색 빛의 기하학적 모양인가?

우리는 햇빛이 햇빛이라는 사실을 어떻게 알까? 사람들은 그 인식 능력을 라틴어로 '콸리아(qualia)'라고 명명했다. '콸리아'는 그 개체가 그것이 되게 만드는 특별한 가치, 즉 '질(質)'을 의미한다. 사과를 한입 베어 먹었을 때 오감을 통해 '이것이 사과다'라고 느끼는 그 어떤 것이다.

나라는 인간을 나답게 만드는, 말로는 담을 수 없는 어떤 것이며, 나라는 인간의 본질적이고 내재적인 것이며, 나를 다른 사람과 구별하는 어떤 것이다. 콸리아는 어떤 대상에 대한 일반적인 정의나 신념과는 달리 그것을 경험한 사람만이 알 수 있는 그 무엇이다.

그리스도교에서는 그 실재를 '신'이라는 용어를 취해 두 가지 배타적이며 융합적인 형용사를 덧붙인다. 하나는 '내재하는 신(God immanent)'이며 다른 하나는 '초월적인 신(God transcendent)'이다. 내재란 인간, 세상, 마음속과 같은 한정된 공간에서 유유자적하는 콸리아다.

내재적 콸리아를 처음 체계적으로 등장시킨 철학자는 피타고라스다. 그는 기원전 6세기 사모스 섬에서 태어나 이오니아 철학을 공부하고 이집트, 이란, 인도 등을 여행하며 다양한 철학 사상을 익혔다.

피타고라스는 이후 60세가 되어 남이탈리아 크로톤에 정착해 밀교(密教)인 '피타고라스 교단'을 창립했다. 그는 엄격한 금욕생활과 침묵을 통해 인간 각자에게 '내재적인 영혼'을 관조하는 수행을 강조했다. 내재적인 영혼은 특별한 의도를 지니고 세상을 운행하는 지적 원칙이다. 이 '내재적인 영혼'이 자연스럽게 유출되어 우리가 오감으로 인식하는 세상을 창조했다.

'내재적인 신'은 역설적으로 동시에 '초월적인 신'이다. 그 신은 우리가 볼 수도, 만질 수도, 이해할 수도 없다. 초월적

존재로서의 '제일자'를 유대 신비주의 카발라에서는 히브리어로 '아인 소프 오르(AIN SOPH OR)', 즉 '그 끝을 알 수 없는 빛' 혹은 '무한한 빛'으로 표현한다.

이 빛은 빅뱅 이론에서 말하는 '더 이상 줄일 수 없는 원초적인 한 점'이다. 한없이 작은 이 점은 더 이상 응축되거나 수축될 수 없는 하나의 상태이자, 동시에 무한한 공간이다. 모세오경에 자주 등장하는 '바로 그 장소'라는 의미의 '하마콤(hammaqom)'이기도 하다. 신은 내재에 숨겨져 있기도 하고, 동시에 만천하에 드러나 있기도 하다.

인도의 가장 오래된 경전 『베다』에 근거한 베단타 철학은 정신과 물질을 하나로 묶는 우주의 근본인 '실재(實在)'에 주목했다. 이 실재는 우주를 구성하는 모든 창조물과 물건을 그것 자체로 존재하게 만드는 '가장 내적이며 심오한 자신', 즉 '아트만'이라고 불렀다. 실재를 우주적 견지에서는 '브라만'이라고 부른다.

강물에 비친 숱한 은빛 원들이나 공중에서 유영하는 옥빛의 기하학적 모형들은 햇빛에 대한 순간적이며 즉흥적인 표현들이다. 태양은 하나인데 그것을 표현하는 방식과 결과는 다양하다.

영국 시인 퍼시 B. 셸리는 일찍 세상을 떠난 친구이자 시인인 존 키츠를 애도하며 시 「아도네이스: 존 키츠의 죽음을 기리는 엘레지」를 지었다. 이 시의 한 부분에서 그는 이렇게 노래한다.

누구는 남아 있습니다.
많은 것들이 변하고 가버립니다.
하늘의 빛은 영원히 빛을 비춥니다.
지구에 드리운 그림자는 춤을 춥니다.
인생은 다양한 색을 지닌 유리 천장과 같습니다.
영원이라는 흰색 광휘를 채색합니다.
죽는 순간까지 영원을 짓밟아 조각냅니다.

그리고 죽습니다.

만일 당신이 자신이 원하는 그것과 함께 있기를 원한다면,

모든 것이 도망친 그곳으로 따라가십시오.

그것은 로마의 담청색 하늘과 같습니다.

꽃, 폐허, 조각상, 음악, 인간의 말들은 연약합니다.

(그러나) 그들은 어울리는 진실한 말로 영광을 불어넣습니다.

빛은 어둠을 물리치고 사물의 위치를 알려주고 내가 가야
할 목표 지점을 알려준다. 빛으로부터 뿜어져 나오는 광휘
는 움츠려 있는 나를 일깨워 한 걸음 한 걸음 나아가게 만드
는 원초적인 힘이다.

당신은 새로운 곳을 향해 정진하고 있는가? 빛이 인도하는
당신만의 천국을 향해 두 발을 움직이고 있는가?

현재는 과거와 미래를 포함한다.
변모의 비밀은 지금 이 순간을
어떻게 다루느냐에 달려 있다.

틱낫한

인간은 스스로 생각하는 만큼의 존재다

단테는 35세에 고향 피렌체에서 추방되어 방랑생활을 시작했다. 그는 어두운 숲에서 길을 잃고 헤매는 자신을 발견했다. 그리고 자신에게 주어진 소중한 삶의 의미를 탐구했다. 그는 '더 나은 자신'이 도달해야 할 천국을 꿈꾸며 불후의 고전 『신곡』을 저술했다. 이 책은 자기개선을 꿈꾸며 영적 여정을 떠나는 구도자들을 위한 나침반이 되어주었다.

700여 년 전 단테가 했던 고민이 나에게도 찾아왔다. 50세가 되던 2011년, 나의 고민은 '내가 변모할 수 있을까? 변화할 수 있다면 그 방법은 무엇일까?'였다. 인간이 변화할 수 있다고 믿는 그것이 곧 깨달음이며, 목적지가 보이지 않아도 그 길 위에 감히 나서는 용기가 믿음이라는 생각이 들었다. 나는 50세가 되던 해에 고향인 서울을 떠나 시골로 거처를 옮겼다. 자연과 함께 살기 시작한 이 10년은 운 좋게도 나를 찾는 방황의 시간이었다.

매순간 변모하는 산천과 온갖 동식물은 나의 스승이다. 학교나 책에서 찾을 수 없었던 인생의 구루(guru)다. 자연은 몸소 자신의 변화를 보여줄 뿐 나에게 아무것도 강요하지 않는다. 그들은 만물이 저마다 스스로 깨닫기를 기다리는 인내의 화신이다.

나는 자연을 관찰하는 시간을 나의 가장 중요한 일과로 정해놓았다. 새벽에 일어나 방석 위에 좌정하고 가만히 눈을 감는다. 그러고는 그날 하지 말아야 할 것을 한 가지 떠올리고, 그것을 하지 않기로 결심한다. 그런 뒤 반려견들과 함께 아침 산책을 한다.

누가 나에게 "당신의 종교는 무엇입니까?"라고 묻는다면, 나는 서슴지 않고 이렇게 대답할 것이다. "저의 종교는 산책이며, 저의 신은 걸음입니다." 아침 산책을 하면서 생각과 언행이 조금씩 변하는 것을 느꼈다. 그리고 그 변화를 글로 담기 시작했다.

첫 번째 글인 심연(深淵)은 내가 누구인가를 알기 위해 스스로를 강제로 고립시키는 첫 단계다. 마음속 깊은 곳을 뜻하는 심연은 고독을 연습하는 장소이자 시간이다. 쉴 틈 없이 바쁘게 살아가는 일상 속에서 자기 자신을 외부와 차단해 나에게 맡겨진 고유한 임무가 무엇인지 숙고하는 시간이다.

두 번째 글인 수련(修鍊)은 그동안 습득한 생각과 언행을 수정하는 단계다. 나답게 살아가는 데 불필요한 것들을 버리고, 당연하게 여겨온 것들을 재점검하는 시간이다. 숨쉬기, 바로 걷기, 가만히 앉아 있기, 허리 바르게 펴기 등을 다시 배우고 익힌다. 이 시간은 자신을 '없음'으로 되돌리는 분투다.

세 번째 글인 정적(靜寂)은 수련을 통해 마음의 평정심을 얻는 상태다. 정적은 고요한 마음을 유지하면서도 그 안에 부단한 움직임을 품고 있는 '정중동(靜中動)'을 뜻한다. 마음에 정적을 품은 사람은 나를 유혹하는 외부의 소리를 거부하고, 내면에서 흘러나오는 미세한 소리를 경청하기 위해 일부러 침묵을 유지한다.

마지막으로 네 번째 글인 승화(昇華)는 정적의 단계에서 겸손하게 유유자적할 때 발견되는 정신적이며 영적인 상태다. 승화는 인간을 추락하도록 놓아두지 않고 저 높은 하늘을 향하도록 독려한다.

인간의 몸은 부모의 몸을 빌려 태어났지만, 인간의 정신은 자기의지로 얼마든지 다시 태어날 수 있다. 개인은 이 의도적이며 인위적인 노력을 통해 '내가 흠모하는 나'로 변모할 수 있다. 개인이 정신적으로, 더 나아가 영적으로 깨어나지 않는다면, 아무리 근사한 모습을 하고 타인의 부러움을 산다 해도 한낱 이기심으로 가득한 짐승에 불과하다.

국가나 사회가 한 단계 도약하기 위한 유일한 방법은 우리 개개인이 스스로도 놀랄 만큼 감동적인 인간으로 변모하기 위해 노력하는 것이다. 위대한 개인이 곧 위대한 국가다.

『승화』를 끝으로 시리즈를 완성한 네 권의 책은 각각 28개의 글로 이루어져 있다. 이른 아침 혹은 잠들기 전 10분 동안 책을 읽고 각각의 단어를 여러분 삶의 일부로 수용할 수 있게 된다면 더 바랄 게 없겠다. 무용가 마사 그레이엄이 공중으로 뛰어올라 찰나를 영원으로 만든 그 순간처럼 여러분의 일상에도 결정적 순간을 경험할 수 있는 조용한 변화가 일어나기를 희망한다.

2020년 8월

배철현

KI신서 9308

승화

1판 1쇄 발행 2020년 9월 1일
1판 8쇄 발행 2024년 7월 12일

지은이 배철현
펴낸이 김영곤
펴낸곳 ㈜북이십일 21세기북스

인문기획팀 양으녕 이지연 정민기 서진교 노재은 김주현
디자인 씨디자인
출판마케팅영업본부장 한충희
마케팅1팀 남정한 김신우 한경화 강효원
마케팅2팀 나은경 정유진 백다희 이민재
출판영업팀 최명열 김다운 김도연 권채영
제작팀 이영민 권경민

출판등록 2000년 5월 6일 제406-2003-061호
주소 (10881) 경기도 파주시 회동길 201(문발동)
대표전화 031-955-2100 **팩스** 031-955-2151 **이메일** book21@book21.co.kr

(주)북이십일 경계를 허무는 콘텐츠 리더

21세기북스 채널에서 도서 정보와 다양한 영상자료, 이벤트를 만나세요!
페이스북 facebook.com/jiinpill21 **포스트** post.naver.com/21c_editors
인스타그램 instagram.com/jiinpill21 **홈페이지** www.book21.com
유튜브 youtube.com/book21pub

서울대 가지 않아도 들을 수 있는 명강의! 〈서가명강〉
유튜브, 네이버, 팟캐스트에서 '서가명강'을 검색해보세요!!